ÇOCUKLUĞUNA İYİ BAK

NEMESİS KİTAP / Psikoloji
Yayın Numarası: 753

Çocukluğuna İyi Bak Deniz Şimşek

Yayın Yönetmeni: Serap Çakır Özcan
Yayın Koordinatörü: Burcu Gürhan
Editör: Sinem Şimşek
İlk Okuma: Pınar Çilingir
Düzelti: Gözde Sayınsoy, Fatma Aktaş
Son Okuma: Emre Kalcı
Kapak Tasarımı: Cem Özcan
Sayfa Düzeni: Pınar Şeker Akcan
Arka Kapak Fotoğrafı: Özge Dinsel Sevili

ISBN: 978-625-6755-00-0
23. Baskı: Ocak 2026
(Bu kitabın 23. baskısı 1 000 adet yapılmıştır.)

Nemesis Kitap:
Gümüşsuyu Mah. Osmanlı Sok. Osmanlı İş Merkezi 18/9 Beyoğlu/İstanbul
Tel.: (0212) 222 10 66 info@nemesiskitap.com • www.nemesiskitap.com
Sertifika No: 49065

Baskı ve Cilt:
Epsilon Baski Çözümleri Ticaret ve Sanayi Anonim Şirketi
Gürsel, İcabet Sk. No:3, 34400 Kağithane/İstanbul Kağithane / İstanbul
Sertifika No: 80940

Dr. DENİZ ŞİMŞEK

BİRİM

ÇOCUKLUĞUNA İYİ BAK

NEMESİS
KİTAP

Uzm. Dr. Deniz ŞİMŞEK

Dr. Deniz ŞİMŞEK, Turgut Özal Anadolu Lisesi'nden mezun olduktan sonra, Adnan Menderes Üniversitesi Tıp Fakültesi'nde başladığı tıp eğitimini başarıyla tamamlayarak tıp doktoru unvanı aldı. İhtisasını Pamukkale Üniversitesi Tıp Fakültesi Psikiyatri Anabilim Dalı'nda tamamladı ve Psikiyatri Uzmanı oldu. Van'da psikiyatri uzmanı olarak çalışıp mecburi hizmetini tamamladıktan sonra yönünü; sonuç ve ilaç odaklı tıp yaklaşımından, kök nedenler ve bütünsel bir bakışa doğru çevirdi. Hastalara yaklaşımda psikodinamik faktörlerin ve ruhsal sistemin odakta olduğu; bağırsaklar, beslenme, sindirim, metabolizma, hormonal denge, metilasyon, bağışıklık, inflamasyon gibi ana kök sistemleri ve birbirleriyle ilişkilerini baz alacak şekilde bütüncül bir yaklaşımı benimsedi ve bu konulara ilişkin konferans, sempozyum ve eğitimlerde onlarca sunum yaptı. Tüm bu birikimlerini ve binlerce iyileşme öyküsünden elde ettiği deneyimlerini BİRİM adlı eseri aracılığıyla okuyucularıyla buluşturan Dr. Deniz Şimşek danışmanlık faaliyetlerini, bünyesinde bütüncül psikoterapistleri, beslenme uzmanlarını, farklı branşlardan fonksiyonel yaklaşımı benimsemiş hekimleri barındıran, kurucusu olduğu BİRİM ekibiyle birlikte sürdürmektedir.

Vera'ya...

Bu kitapta yer alan vaka örnekleri gerçek olmakla birlikte, isimler, mekânlar, meslek ve kişisel bilgiler tamamen kurgusal uyarlamalardır.

İçindekiler

İkinci Bölüm
BELKİ DE TEK DİLEĞİMİZ ŞEFKATTİ...

Üçüncü Bölüm
BENİM GÜZEL ÇOCUKLUĞUM

Dördüncü Bölüm
DUYGULARIN FARKINA VARMAK

Beşinci Bölüm

BEDEN VE ÖTESİ

EDİTÖRÜN ÖNSÖZÜ

Gebe olduğumu öğrendiğimizin ertesi günü yeni bir kitap yazmaya niyet etti sevgili eşim...

Kendi yolculuğunu anlamaya çalışan, karşılaştığı her canlının öyküsünü merak eden, sıradışı bir zihin Deniz. Bilginin peşinde bıkmadan usanmadan koşması, yeni bir şeyler öğrendiğinde yıllardır hiç eksilmeyen müthiş bir coşkuyla, çocuksu bir heyecanla aktarma hevesi beni hâlâ şaşırtmaya devam ediyor. Bu zamana kadar birçok insana dokundu; umudunu kesebilecek herkes defalarca bir çıkış yolu buldu. Sonuçlara değil kaynağa odaklandı. Asla tedavi ettim demedi; bu serüveni birlikte iyileşmek olarak tanımladı. Bilgilerini, imbikten süzülmüş sentezlerini cömertçe, koşulsuzca her ortamda sundu. Yıllardır fonksiyonel ve bütünsel bakış açısıyla, şefkati ve kapsayıcılığıyla danışan takibi yaparken kendi deyimiyle aslında kendisi de iyileşmeye çalışan bir yolcuydu...

İlk kitabı *BİRİM*'i okuyanlardan aldığı iyileşme geribildirimleri sonrasında, odağında insan öyküsünün bugüne yansımaları olan, danışanların yaşamlarından uyarlanmış bölümlerin de yer aldığı bir kitap niyetini koydu cebine. İnsanların ruhlarına, öykülerine, yaralarına dokunabileceği, her okuyan için ilham olabilecek, yeni bir macera...

İç dünyasının derinliklerini yılların deneyimi ile harmanladı. Arayış ve keşif ihtiyacımıza karşılık veren, bir insanın kendinden kendine yaptığı bir yolculuktu bu; bugünü anlama çabasıyla bezenmiş buram buram farkındalık kokuyordu...

Çocukluğuna İyi Bak'ın editörlüğünü gebeliğimin son aylarında üstlendim. Hem dünyaya bir can gelmesine aracı olacaktım hem de birçok "can"ın hayatına, kendi öyküsüne bakmasını sağlayacak bir esere dokunacaktım. Fiziki sancılarıma, aldığım bu sorumluluğun sancıları eklenmişti. Her ikisinin de ucunda doğum vardı, biri fiziki diğeri ruhsal doğum...

Kitabı okurken, bazen bir cümlede kayboldum, sonra bir danışanın iyileşme hikâyesinde kendimi yeniden buldum. Bir başlıkta kendi çocukluğumu aldım karşıma oturttum, zihnimin kıyısında köşesinde kalmış hatıralar hayal kırıklığına uğrattı, başka bir cümle ise şefkatle sarmaladı beni.

Çocukluğuna İyi Bak bebeğimizin 1. yaş gününde tamamlandı. Kızımla birlikte doğdu, eşimin kalemiyle emek emek büyüdü. Satır satır bakım verdik. O satırlar bizi de büyüttü bir kez daha...

Dilerim sizleri de büyütür, yaralarınızı sarmalamanıza vesile olur; hem kim bilir çocukluklarımız tanışıp arkadaş olur belki bir baharda...

Psk. Sinem ŞİMŞEK

Birinci Bölüm

İNSANIN SEVGİ ARAYIŞI

"Onun yerine; düşünmek, karar almak, harekete geçmek sevginin değil işgalin habercisidir. Duygusunu, ihtiyaçlarını, potansiyelini fark ederek, izin verdiği ölçüde koşulsuz destek sunmak ise sevgiye dair eylemlerdir."

Gerçek Sevgi Nasıl Olur?

Sonbaharın cömertçe sunduğu serin, temiz havayı içime çekerken minik minik çiseleyen yağmura doğru elimi uzattım ve ardından içimi ısıtan demli çayımdan bir yudum daha aldım. Birazdan nasıl bir yolculuğa şahit olacağım hakkında zihinsel uğraşılarım sürerken, yaklaşık yüz metre uzakta, bulunduğum yöne doğru yürüyen bir çift dikkatimi çekti. Yağmur henüz yok denecek kadar azdı ama kadınını tek damla yağmurdan bile sakınan bir erkeği fark etmem zor olmamıştı. Ellerindeki tek şemsiyenin büyük bölümünü partnerinin üstünde konumlandırmıştı. Kadın yoluna bakıyordu yürürken, adam ise kadına. Kadın aralıksız bir şeyler anlatıyordu, halinden şikâyet ettiğini düşündüren bir beden dili vardı. Adam oldukça suskundu; sessizliği, kadının sesini bastırmıştı. Bulunduğum binaya girdiklerinde zil çalana kadar içlerinden birinin danışanım olabileceğini düşünememiştim. Birlikte odama girdiler, sözü ilk, balkondan sessizliğiyle daha dikkat çekici olan eşi aldı. Duymakta zorlandığım bir ses tonuyla, "Bir türlü Seher'i mutlu edemiyorum..." dedi.

Süreçlerini anlatmaya başladı. Seher Hanım'ın mutsuzluğundan ve boğuluyormuş hissinden bahsetti. Ortada hiçbir problem olmamasına rağmen eşinin hayattan zevk alamayışını, birçok psikoterapist ve psikiyatr başvurusundan fayda görmediklerini dile getirdi. Şenol Bey eşini çok sevdiğini, ne gerekiyorsa yapacağını birkaç kez vurguladı. Bugüne kadar gittikleri tüm psikoloji uzmanlarını Şenol Bey seçmiş, randevuları kendisi almıştı. İlk kez seçimi Seher Hanım yapmış, buraya, karşıma kendi kararıyla gelmek istemişti. Şenol Bey'e verdiği bilgiler için teşekkür ettikten sonra Seher Hanım'a bu zaman diliminin kendisine ayrılmış olduğu, dilerse yalnız da görüşebileceği bilgisini verdim. "Fark etmez," diyerek başladığı cümlesini, "yalnız da görüşebiliriz," ile bitirdi. Şenol Bey biraz da gönülsüz ve yavaş adımlarla odadan ayrıldı.

Seher Hanım, "Nefes alamıyorum ben," dedi gözlerini yerden ayırmadan. "Böyle boğuluyorum gibi..." diye devam etti.

Bazı hekimler anksiyete bozukluğu düşünmüş, bazıları da astımdan şüphelenmişti. Ama gittiği göğüs hastalıkları uzmanı yaptığı değerlendirmeler sonrası astım olmadığı kanısına varmıştı. Seher Hanım'a genel olarak yaşamı hakkında sorular sordum. Hiçbir problemi olmadığını, ilişkisinden bahsederken eşi açısından çok şanslı olduğunu, hayatına bir "kurtarıcı" olarak girdiğini belirtti. İşin ilginç yanı bazı terapistler de bu konuda Seher Hanım'la hemfikir olmuştu. Yaşamında somut hiçbir problemi olmayan ama nefes alamayan, son zamanlarda hayattan keyif almayan, çoğunlukla "mutsuzum" diyen bir kadın vardı karşımda. Hatta beni tercih edişi de bu yüzdendi. Belki de vitamin, mineral eksikliği vardı. Her zaman olduğu gibi ayrıntılı bir kan tetkiki yapılacaktı ve belki de ana neden pat diye ortaya çıkacaktı. Böylesine "kusursuz" bir hayatta kusur kandaki bazı eksikliklerden kaynaklanıyor olmalıydı.

Evet, kan tetkiklerinde bazı önemli eksiklikler saptamadım değil elbette ama benim aradığım magnezyum, D vitamini eksikliği ve homosistein yüksekliğinden daha fazlasıydı. Özellikle "kurtarıcı, kahraman bir koca" tanımlamasının kaynağına inmek istemiştim.

Seher Hanım, annesi ile aralarında sıkı bir bağ olduğunu söyledi ilk olarak. "Dert arkadaşım, yol gösterenim, hayattaki tek sırdaşım" diye bahsetmişti annesinden. Evin tek çocuğuydu ve anne babasının çocuk yapma umutlarının kaybolduğu bir anda "mucizevi" bir şekilde dünyaya geldiği anlatılmıştı ona. Seher Hanım'ın kendi öyküsüne dair merakının artışı olumlu bir gelişmeydi. Görüşmeler annesine soracağı soruları not alarak geçiyordu. Annesinin Seher Hanım'ı daha bebekliğinde kaybetme korkusu olduğunu, birçok kez uykusunda nefesini kontrol ettiğini bu merakı sayesinde yeni öğrenecekti.

Büyüdüğü evde, yediğine, içtiğine, giydiğine annesinin karar vermesini kanıksamıştı artık. En doğru, en sağlıklı, en mantıklı kararı annesi verebilirdi. Annesinin onayını almadan hareket edemez hale gelmişti.

Seher Hanım'ın en büyük korkularından biri annesinin ölümüydü. Kaybedilmekten korkan bir bebek, kaybetmekten korkan bir yetişkine dönüşmüştü. Yaklaşık üç yıl önce annesinin göğüs ağrısı sonrası başvurdukları hastanede kalbi besleyen iki damarının tıkalı olduğu anlaşılmıştı. Sanki o iki damardaki tıkanıklık Seher Hanım'ın nefes alışını da bozmuştu. Evet, annesi iyileşmişti ama annesini kaybetme tatbikatı yıllardır yaşadığı kaygı yakınmalarını da zirveye taşımıştı. İşte tam da bu dönemde ortak arkadaşlarının olduğu bir ortamda Şenol Bey ile ilk kez karşılaşmıştı. Neredeyse masadaki herkesin siparişini Şenol Bey seçmişti. Burada ne yenir, ne içilir gayet iyi biliyor izlenimi bırakmıştı herkeste. İçecekleri dolduruyor, kimin neye ihtiyacı var kontrol ediyor, herkesi memnun etmeye çalışıyordu. Masanın uzak bir köşesinde olmasına rağmen Seher Hanım'ın huzursuzluğunu hissedip, iyi olup olmadığını sormuştu. Hatta açık havaya çıkmayı teklif etmiş, samimi tavırlarıyla daha iyi hissetmesini sağlamıştı. Bu karşılaşma Seher Hanım'ı olumlu anlamda oldukça etkilemişti.

Bundan sonraki her buluşmayı Şenol Bey organize etmiş, Seher Hanım'ın o dönem iyi hissetmesi için yoğun çaba sarf etmişti. Ailesiyle ilk tanışmanın gerçekleşeceği gün özel bir restoran için rezervasyon yaptırmış, masaya ilk oturduklarında, "Seher bu ara kilo verdi pek iştahsız, onun için bu iştah artıran mekânı seçtim," demişti. Seher Hanım'ın annesi müstakbel damadının ne kadar düşünceli, kibar ve özenli olduğunu düşünmüş, ilk dakikalarda kızını mutlu edebilecek bir eş olduğuna kanaat getirmişti. İlerleyen saatlerde de "Seher sana emanet," diyerek bu tespitin doğruluğunu ortaya koymuştu... Hızla ilerleyen bir ilişki, annenin devir teslim töreniyle ivme kazanmıştı. Kısa süre içinde de evlenmişlerdi.

Evlendikten sonra da Şenol Bey hep Seher Hanım'ın yerine düşünen, karar veren, seçen konumundaydı. İşyerine bırakıp, çıkışta alıyor, ikisi de işte olduklarında her saat başı mesaj atıyor, iyi olup olmadığını soruyor, durumunu kontrol ediyordu. Annenin görevi Şenol Bey tarafından devralınmış, Seher Hanım'ın tüm yaşamı kendisinin de işbirliğiyle "sevgiyle" işgal edilmişti. Seher Hanım'ın sosyal hayatı neredeyse hiç kalmamıştı. Bildiği tek "sevgi" dili buydu. Şenol Bey hayatına girdiğinde kaygı düzeyi hızla azalmıştı ancak ilişkinin devamında kaygı yerini boğulma hissine bırakmıştı.

Yağmurdan korkanların, şemsiyeli sevenleri olur,
ta ki ıslanmanın keyfine varıncaya kadar...

Seher Hanım sevildiğini hissediyordu. "Sevildiğini hisseden insan kendinde sevilmeye dair bir kanıt bulamadığında, kendisini seveni otomatik olarak sevmeye meyillidir," der Spinoza. Bedenin işleyişi, duygular, düşünceler, kavramlar, imajlar, kişisel tarih üzerine hiç düşünmemiş bir birey otomatizmaların işleyişine razı olur. Seher Hanım, annesinin şefkatli kollarında sevgi olarak nitelendirdiği hissin bir benzerini bu ilişkide deneyimlemişti. Ama bu sevgi, annesinin ve onun temsil ettiği anlayışın gölgesine tutsak etmişti Seher Hanım'ı. Sevgiyle sarmalanmış oluşunun verdiği huzur ve güven duygusu karşılığında, nefesinin biraz olsun kesilmesi kabul edilebilir miydi? Başlangıçta öyleydi belki, ancak astımdan şüphe ettirecek düzeyde bir nefes darlığına düzeyine ulaştığında durum değişecekti...

Bu kısa öyküde kendisini edilgen bir "sevginin" ellerine emanet ederek yatıştıran, korumaya alan, iyileşmeye çalışan bir bireyin, anneyi kaybetme korkularının yoğunlaştığı dönemde, annenin ikame bir sembolüyle eşleşmesi tesadüf değildir. Dış dünyayı ve kendinizi iyi gözlemlediğinizde bir araya gelişlerin ve zamanlamasının şans eseri olmadığını göreceksiniz.

Günlük yaşamımızda sevginin sıkça dile gelen bir sözcük ama adı geçtiğinde her zihin için bambaşka çağrışımlara yol açmaya gebe bir kavram olduğunu söyleyebilirim. Bazen işgal edilen, bazen ihmal edilen, bazen de darp edilen bir kişinin sevildiği konusunda hiçbir şüphesi olmayabilir. Sevginin sübjektifliğini anlamak için nasıl sevildiğimizi iyi gözlememiz gerekiyor.

Peki sevgiyi nasıl tanımlarız? Sevgili Erol Özmen'in çok sevdiğim bir tanımlamasını sizlerle paylaşmak isterim:

"Sevgi, olduğu gibi kabul etmeyi, onun gereksinimlerini-isteklerini anlamayı, bunları karşılamak için sorumluluk duymayı, ona ilgi göstermeyi, ona bağlanmayı, onun düşüncelerine ve duygularına saygı duymayı kapsar. Sevgi, sevilen kişide anlaşıldığı, benimsendiği, önemsendiği duygusu yaratır, değerlilik duygusu verir. Sevgi, seven kişide de mutluluk, huzur ve güven yaratır.

Sevgi gelişen ve geliştirilebilen bir olgudur. Olgun sevgi, iki kişinin bireyselliklerini yitirmeden bütünleşmesidir. Sevgi, kişinin kendisini sevmesini, değerli bulmasını ve kendisine güvenmesini gerektirir. Kendisiyle barışık, kendisini tanıyan, kendisini seven, kendisinden memnun bir kişi, başkalarını da sever."

Sevginin köklerine bu pencereden baktığımızda, bu hissi derinden deneyimleyebilmek için belli bir olgunluk seviyesine ulaşılmasının gerekli olduğunu söyleyebiliriz. Kendisine, duygularına, ihtiyaçlarına, öyküsüne yabancı bir birey, ilişkide olduğu insanların duygu ve ihtiyaçlarını fark edemez. Kötü biri olduğu için değil; görmediği, öğrenmediği, otomatik yaşadığı ve kendisi üzerine hiç çalışmadığı için. Birini olduğu gibi kabul edebilmek ise yine kişinin dönüştüğü son haline farkındalığı ile ilgilidir. Ne olduğunuzu ya da ötekinin ne olduğunu anlayabilme süreci, kişisel tarihinizin tekinsiz yollarından geçer. Gülünü sevdiğinizin dikenine nefret duyuyor olmak, ötekinin öyküsüne olan yabancılığınızla ilgilidir.

Kendini bilmeyen ötekini bilemez, kendini sevmeyen kimseyi sevemez...

"Bir ilişkide ne hissettiğinizden ve duygularınızdan daha çok yaşanmış olaylar konuşuluyorsa, ihmal ya da işgal ediliyor olma olasılığınız oldukça yüksektir. Ne olduğu değil, sizde neyi tetiklediği çok daha önemli. Sizin en çok öykünüzü anlamaya ve onun kabulüne ihtiyacınız var"

İşgal Edilmeden Sevilmek Mümkün mü?

"İşgal" ve "ihmal" sözcükleri bazen iç içe geçmiş bazen de aynı sistemde yan yana duran kavramlar olarak karşımıza çıkarlar. Yaşamınızın ilk yıllarında size bakım veren anneyi ele alalım. Eğer anne kendi çocukluğunda ihmal edilmiş, ebeveynleriyle çok yakın ilişki kuramamış, acıktığı anlaşılmamış, bir yeri ağrıdığında ilgilenilmemiş, güvensiz hissettiğinde fark edilmemişse "ihmal edilmiş" diyebiliriz. Yaşamın erken dönemlerinde duygularına, bedensel tepkilerine uyumlu yanıt alamamış bir anne... Bu durumda, yolculuğunuzun hikâyesi de annenizin çocukluğundaki hislerini referans alarak başlamış oluyor. Anneniz ya ihmal edildiği için sizi ihmal edecek çünkü kendi ihtiyaçlarını anlayacak kadar ruhsal anlamda gelişmemiş olacak ya da tüm yaşadıklarını yahut yaşayamadıklarını telafi etmek için sizi "işgal" edecek. Sevgi kelimesiyle iç içe geçmiş bir kavramdır işgal. Bu durum bebeğinin ağzına zorla gıda verirken, onu nefessiz bırakacak kuvvetle sarmalarken, çocuğunun beden sınırlarını ihmal ederek gıdıklarken de ortaya çıkabilir. 45 yaşında her gün annesine düzenli rapor veren "yetişkinleri" çevrenizde görmeniz pek de sürpriz olmayacaktır.

38 yaşında bir şirkette yönetici pozisyonunda çalışan danışanım, sürekli onu kontrol eden, merak eden, sık sık telefonla arayan, mesaj atan ve karşılık göremediğinde kaygılanan kız arkadaşını övüyordu. Ona çok âşık olduğunu, bir daha onun gibi tutkuyla bağlı birini bulamayacağını anlatırken, bakım verenlerinin onu nasıl sevdiğini ve ona nasıl bakım verdiğini tahmin etmem zor olmadı.

İhmal edilme endişesi, işgal edilişin kapısını aralar.

Tüm sınırlarını işgal ederek bunu sevgi olarak tanımlayan, uzun süre çocuğunu yanında yatıran, ne yediğine, ne giyeceğine karışan ebeveynlerin yetiştirdiği çocukların yetişkin olduklarında sağlıklı ilişki kurmaları ne yazık ki psikoterapi desteği almadan oldukça zordur.

32 yaşındaki danışanım, evliliğinin ardından ortaya çıkan ve son birkaç ayda yoğunlaşan depresif ruh hali ve boşluk hissi şikâyetiyle bana başvurmuştu. İlk bakışta eşiyle ilgili bir problem olabileceği olasılığı hepimizin aklına gelmiştir muhtemelen. Ben de bu benzer hislerle eşi ve ilişkisi hakkında bilgi edinmeye çalıştım. Aldığım yanıtlar ilginçti. Kendi pence-

resinden eşinin son derece anlayışlı, duygularına önem veren, dışarı çıkmasına, arkadaşlarıyla kurduğu ilişkilere müdahale etmeyen, kıskanmayan, hatta ekonomik olarak oldukça destekleyici, kendini geliştirmesine alan açıcı olduğundan bahsetti. Mevcut şikâyetlerini ortaya çıkaran kök faktörler hakkında hiçbir fikri ya da farkındalığı yoktu. Peki, bu ilişkide neden iyi hissetmemişti? Elbette cevabı geçmişinde saklıydı. Danışanım babayı erken yaşta kaybetmiş, muhafazakâr bir ailenin kızıydı. Babanın kaybıyla birlikte kendisinden sekiz yaş büyük abisi, evin babalık rolüne aday olmuştu. Abi otoriter, kısıtlayıcı, kontrolcü özelliklere sahipti. Babadan devraldığı sorumluluklarla ve annenin arzularıyla şekillenmiş bir otorite figürüne dönüşmüştü. Danışanım abiye büyük bir "sevgi" besliyordu. Abinin kıskançlığını, kısıtlayıcı tutumunu, gün içinde defalarca arayarak kontrolünü ilgi ve sevgi olarak yorumlamıştı yıllarca. Ama bu ilişki başkaydı; kıskançlık yok, kontrol yok, baskı yok o halde sevgi de yok diye algılamıştı zihni. Tekrarlayan görüşmeler sonrasında, yüzleştiği bu durum danışanımda önemli bir farkındalığa ve iç görüye yol açtı. Babanın yası, abinin konumu, annenin arzuları gün yüzüne çıktıkça içinde yüzdüğü duygu havuzuna artık daha yakındı. Bu depresyon iyileşmeye giden bir yol olacaktı belki.

"Unuttuğu yaraları kanatacak öykülere çekilir insan. Unutulanda, yok-sayılanda, fark edilmeyende gizlidir kader..."

Geçmişin İzleri Sizi Takip Eder

İnsan zihninin en önemli savunma mekanizmalarından biridir unutmak. Zihin, geçmişte yaşadığı ve baş edilmesi güç zorlukları, travmaları, büyük hayal kırıklıklarını genelde unutarak veya üzerini kapatarak örter ve derinlere iter. Bizler zihnin örttüğü bu örtünün neyi sakladığının farkında olmayız. Orada bir örtü var evet ama altına bakmaya niyetlenmek ya cehalet ya da cesaret işidir. Bizim unuttuğumuza kesin kanaat getirdiğimiz her şey beyinde kayıtlıdır. Beyin hatırladıklarımızla değil unuttuklarımızla şekillenir. Duygusuyla baş edemediğimiz ve zihnin derinliklerinde korumaya alınmış bu dosyalar bir koku, bir ses, bir şaşkınlık, bir kaza, bir haber, bir şok, bir yüz ifadesi, bir dil sürçmesi ile çıkıverir ortaya. Aradan onlarca yıl geçmiş olmasının hiçbir anlamı yoktur. Yaşanamamış, görünememiş, boşaltılamamış o duygunundur artık sahne...

Travma anlamlandırılamamış olandır. Yüzleşmekten kaçındıklarımız, yarının belirleyicileri olacaklardır.

Bizim "tesadüf" diye adlandırdığımız ya da "kendi seçimimiz" olarak düşündüğümüz çoğu tercih yanılsaması; özünde bilinçdışının gölgesinde gerçekleşen birer eşleşmeden ibarettir.

Dün, tam anlamıyla bugünü belirliyor. Yarın bugünden, bugün ise dünden izler taşıyor. Bugün yaşadıklarımızla da geleceğimizi inşa ediyoruz.

Olmayan Babanın Dönüşünü Hasretle Beklemek!

Çocukluğunda babası uzun yol tır şoförü olan danışanım, anneyle birlikte sabırsızlıkla babanın yolunu gözleyişini, kavuşma hevesini, özlemini, bazen haftalar hatta ayları bulan ayrılık hüznünü dile getirmişti. Benim bilmek istediğim nokta ise babayla kavuşma anıydı. O an neler oluyordu? Hüzünlü, uzun bir bekleyiş hali ve ardından kocaman bir hayal kırıklığı... Baba eve döndüğünde, onun varlığını, yakınlığını hissedemediğini aktarmıştı yaşlı gözlerle. Terk edilmişlik hissiyle donatılmış küçük bir kız çocuğunun, tekrar kavuşma umudunu da kaybettiği an mıydı, o an? Evet, baba dönmüştü; oradaydı, sarılabilirdi, öpebilirdi, hasretle kucaklayabilirdi ama yapamıyordu. Bu sahneyi defalarca yaşamıştı babasıyla olan öyküsünde. Olmayan babanın dönüşünü hasretle beklemek...

Zihninde tasarladığı baba idealiyle hiç kavuşamayacaktı. Seçtiği ilişkilerin neredeyse tamamının uzaktan oluşu, genellikle işkolik, yakın temas kuramayan partnerler birer tesadüf müydü? Peki ilişkileri derinleşmeye başladığında ya terk ediliyor ya da terk ettiriyor oluşu da kaderin bir cilvesi miydi? İlişkide uzak olmak, olası bir terk edilişin yaratacağı katlanılmaz acıyı bir nebze olsun hafifletebilir miydi?

Terk edilmek sadece kayıplarla gerçekleşmez. Bedensel olarak orada olduğunu bildiğiniz birinin varlığını hissedebilmek için duygusal bir bağın oluşması gereklidir. Bu bağ oluştuğunda artık ötekinin sürekli orada olması gerekmez. Terk ediliş bedensel bir süreç değildir. Bedensel olarak ayrılık, henüz kurulamamış bir bağla yüzleştirdiği için travmatiktir. Travma birinin gidişi değil, gidenin zaten var olmadığının fark edilişidir. Yaşamın her alanında ilişki kuruyoruz. Yalnızca aşk ilişkileri değil; arkadaş, iş, aile ilişkileri... Kurduğumuz o ilişkilerde gözlemci olmayı, dışardan kendimize bakmayı beceremiyoruz, sadece yaşıyoruz. Oyundaki rolüne kendini kaptırmış bir aktör gibi. Sonra da başımıza gelenleri kader, şans, kandırılmışlık gibi tanımlarla açıklıyoruz. Oysa yaşadığımız birçok ilişki, ısrarlı karşılaşmalar geçmişte kurduğumuz ilişkilerin bir tekrarı ve izdüşümünden başka bir şey değil.

Terk edilmekten korkan biri, terk edileceği ilişkilere yönelir.

Terk ediliş, hayatımızdaki birinin duygusal yakınlığını bir anda çekmesidir. Duygusal yakınlığa muhtaç olduğumuz erken çocukluk ve çocukluk dönemlerinde bakım verenlerimiz tarafından bu durumu yaşantılamış olmak hayat boyu kalıcı izler bırakacaktır. Ansızın sonlanan ilişkiler çoğunlukla geçmişin tekrarını temsil eder. Benzer ilişki modelleri tekrarlanır ve "bu kez terk edilmeyeceğim" ya da "bu kez de ben terk edeceğim" düşlemleri yinelenir durur. Bunlar bir plan dahilinde değil tamamen otomatik bir arka planda gerçekleşir. Kuşaklar boyu aktarılmış bir hikâye modelini, silsileler halinde yaşarken buluruz kendimizi.

Eğer kişi kendi içindeki parçaları tanımaz, onlara kulak vermezse, neyin nasıl olduğunu anlayamadan aynı kısırdöngüde ilişkiler kurmaya devam eder. Karşı tarafı ve çevresini suçlama olasılığı artar. Geçmişte yaşanmış birçok olay duygularla harmanlanır, duygusuyla birlikte kodlanır ve zihne o şekilde kaydedilir. Yani bire bir olayın gerçekliği kaydedilmez, herkesin kendi algısal süreçlerine göre oluşmuş bireye özgü bir kayıt arşivi mevcuttur. Gerçeklerden ziyade, bizim algıladığımız gibi bir kurgu zihnimize entegre olur. Bu kurgulara ve tasarımlara dair farkındalık kazanmak, bizleri tekrarına düştüğümüz; acı veren, üretkenliğimizi kısıtlayan, kendimizi gerçekleştirmemize engel oluşturan yaşantıları, nasıl kendi ellerimizle inşa ettiğimiz iç görüsüne de yakınlaştıracaktır.

Unuttuğumuz, bastırdığımız, yok saydığımız her şey, tekrar tekrar karşımıza çıkar durur. Rahatsız ettiği için sürekli zihnimizden uzaklaştırmaya çalışabiliriz. Ama o duyguyla, sahneyle, gerçeklerle tanışmaz, o parçamızdaki öyküyü keşfetmez, ebeveynlerimizin bizde bıraktığı izleri fark etmez ve bazen de hiç konuşmadan kuşaktan kuşağa aktarılanları görmezden gelirsek, geçmişin izleri bizi ömür boyu takip eder. Birçok olayı farkında olmadan tekrar ederiz. O vefasız sevgililer, terk etmeler, terk edilmeler, aldatılmalar, suçlamalar, şiddet görmeler sürer gider.

Bu döngü bir film gibidir. Çok erken yaşlarda yazılmış bu senaryonun oyunculuğu yetişkinlik döneminize denk gelecektir. Senaryonun üzerinde çok düşünmez, kendi rolünüzü kavramaz, duygularınızı anlamaz ve kendinize yabancılaşırsanız; geleceğiniz de geçmiş senaryonun tekrarından ibaret olacaktır. Fark etmek ve anlamlandırmak iyileşmenin önemli parçalarındandır. Taşlı yollardan gelmiş bir insanın, yürümesi daha kolay olmasına rağmen düz yollara ayak uydurması oldukça zordur. Yaşamı anlamlandırma yolculuğunda kendimize verebileceğimiz en değerli hediye psikoterapidir. Bağ kurulan, yaraların gizlenmediği güvenli bir ilişki ortamının iyi gelmeyeceği hiçbir dert yoktur.

Çocukluğunda yeterince sevilmemiş bir birey, sevgiyi hissedemeyeceği ya da sevilmeye değer olduğunu kanıtlamaya çalışacağı ilişkilere yönelebilir.

Şiddet içinde büyüyen bir insan, kendisini şiddet dolu bir yaşam içerisinde bulabilir.

"Anne babasının ebeveyni olmak zorunda kalan çocukların en büyük özlemiydi çocuklukları..."

Sinem ŞİMŞEK

Suçlu Aramayı Bırakın

Çoğu zaman iletişim sözsüzdür. Yani tavırlarımız, davranışlarımız, beden dilimiz, bakışımız, kararlarımız, seçimlerimiz, değer sistemimiz, duruşumuz dışarıya hakkımızda çok fazla bilgi verir. Bizler de aynı şekilde izlenim yoluyla dış dünyayla ilgili pek çok bilgi ediniriz.

Gözlemlerimden bir tanesi, yaşları ne olursa olsun bazı insanların dünyaya "yük almak" için geldikleri yönünde. Henüz çok erken yaşlarda annelerinin gözyaşlarını silmek durumunda kalan çocukları düşünün. Annesinin hüznünü, kaygısını giderme gayretinde veyahut annesinin yarasına merhem olmanın derdinde olan çocuklar...

Yaşadığı ortam, eşi, işi ya da işsizlik problemi nedeniyle üzgün veya hayal kırıklığına uğramış bir annenin çocuğunu düşünün. Tek ihtiyacı tutarlı sevgi olan birçok çocuk, sevgiyi elde etmek uğruna ebeveynlerinin arzularına paralel sorumluluklar yüklenmek durumunda kalıyor. Çocukların gereksinimlerinin fark edilmesi ve ebeveynleri tarafından ihtiyaçlarının karşılanması, gelişim evrelerinin sağlıklı ilerleyebilmesinin ön koşuludur. Oysa çoğu zaman bunun yerine ebeveynlerinin acısını dindirmeye çalışan, dertlerine yoldaş olan çocuklarla karşılaşırız. Evdeki rolü sadece çocuk olması gereken bu çocuklar, ebeveynlerinin yoldaşı, dostu, arkadaşı olmuşlardır. Ebeveynlerin gururla, "Çocuğum benim arkadaşım, sırdaşım, yoldaşım oldu," söylemlerine, çocuklarının olgunluklarına, abartılı sorumluluk alışlarına, erken büyüyüşlerine dair övgülerine çok sık şahit oluyoruz.

Peki, bir çocuğun erken büyümesinde ne sakınca var? Ne olur yani hayatı erkenden öğrense, anne babasının sorunlarını küçük yaşlarda fark etse, olgun davransa? Erken büyüyen, yaşının üzerinde sorumluluk alan, tüm gereksinimlerinin karşılanması gerektiği yaşta bakım verenlerinden umudunu kesmiş, kendi ihtiyaçlarına yabancılaşmış çocuklar... Bu çocuklar ötekinin ihtiyaçları noktasında oldukça iyi sensörlere sahiptir. "Büyümüş de küçülmüş" yakıştırması yapılan çocuklar, çocuk olamamışlardır. Yetişkin bir birey olduklarında ötekinin ihtiyaçlarını fark etme anlamında çok iyi gözlem yapmaları muhtemeldir. Görmezden gelinmiş bir çocukluğu bizzat kendinde değil de dışarıda aramaya benzer bu. İşin ilginç yanı ötekinin derdini tespit etmede ustalaşmış bu gözlem yetisi, mevzubahis kendisi olduğunda pek de işe yaramamaktadır. Kendi ihtiyaçlarına körlük, ötekini abartılı iyileştirme arzusuyla sonuçlanır. Kendisini işine adayan, hatta hastaları için kendisini feda eden birçok sağlık profesyonelinin buna benzer öykülerden geldiğini düşünüyorum. Peki bu tutum ne kadar sürdürülebilir? İnsan ne kadar yaş alırsa alsın çocukluğunu ölünceye kadar bedeninde taşır. Doyurulmamış bir çocukluğun ana yansımaları suçlayıcılık, öfke, haksızlığa uğramışlık hissidir. Ötekinin ihtiyaçlarına aşırı odaklanma hali bir anlamda, bilinç dışının "benim ihtiyaçlarımı gör" çırpınışıdır. Ama maalesef sonuç hüsrandır. Ebeveynlerinin yerini almaya hevesli birçok immatür (olgunlaşmamış) aday, ilişki kurmak için sırada beklemektedir.

Gözyaşları içine akanlar, dışarıda gördükleri nemli gözlerin esiri olurlar.

Bazen Bir Öykü Bitiyor Ama Bir Çocuk Büyüyordu

Elif 29 yaşında, boşanmak üzere olan, kariyerinde başarılı bir danışanımdı. Fibromiyalji, migren ve birden fazla otoimmün hastalıkları nedeniyle bana başvurmuştu. Öyküsünü dinlediğimde boşanma sürecinde neden bu kadar zorlandığını ve hastalıkların da nasıl böyle ardı ardına gelmiş olabileceğine dair kanıtlar bulmuştum. Babasına olan hislerinden bahsederken ona karşı tek duygusunun "acımak" olduğunu ifade etmişti. Elif daha ilkokula giderken babası ile annesinin bir tartışması sonucunda anneannesinin yanına gönderilmişti. Bir gün sokakta oynarken babası Elif'i görmeye gelmiş, kızını arabaya çağırmış ve gözyaşları içerisinde annesinin kendisinden ayrılacağını söyleyerek onları barıştırmaları konusunda yardım istemişti. Elif minik parmaklarıyla babasının gözyaşlarını silip onu teselli etmişti. Babasının çocuksu hüznü Elif'in dev yüreğini oldukça acıtmıştı. "Biz annenle ayrılabiliriz ama sonuç ne olursa olsun ben senin her zaman baban olarak yanında olacağım ve annen de sana aynı sevgiyle, özveriyle bakım vermeye devam edecek canım kızım," diyememişti babası. Bir yanda eşiyle yaşadığı ilişki sorunlarının merkezine Elif'i koyan olgunlaşamamış bir baba, diğer yanda sözde istemediği bir evliliği Elif uğruna sürdüren bir anne vardı. Kendi duyguları ve ihtiyaçları bir yana, hayatı boyunca hem babasının hem de annesinin ebeveyni olmuştu. Yıllar sonra benzer bir hikâyenin yine merkezinde bulmuştu kendisini. "Kızım yardım et, annen benden ayrılmasın," diye ağlayan bir babayla büyüyen kız çocuğu, "Benden ayrılma," diye ağlayan bir eşten boşanmaya çalışan bir kadına evrilmişti. Çocukluğunda muhtaç olduğu ve durduramadığı babanın temsili olan eşine terapilerin de desteğiyle bu kez dur diyecekti belki de. Elbette kolay olmayacaktı. Mevcut hastalıkları, sırtında taşımaya devam ettiği yüklerin bir portresi gibiydi. Ötekinin duyguları, hisleri, ihtiyaçları peşinde koşacak ve bakım vermeye devam mı edecekti yoksa kendisi de bakıma muhtaç hale gelmeden, öyküsünün bugüne yansımalarını görmeyi ve dönüşmeyi mi seçecekti?

Elif bedeninde ve ruhunda hissettiği tüm acılara rağmen kendi duygularını önemseyip ihtiyaçlarını fark eden bir kadın olmak adına "kendini gerçekleştirme" yolculuğuna çıkmıştı artık.

"İnsan cezalandırır kendini. Kaza yapar, sakarlık yapar, kötü beslenir, hasta olur, uykusundan vazgeçer. Bazen de bir ilişkiyle bir ömür cezalandırır kendini, hem de aşkla, seve seve yapar bunu.."

İnsanın Kendisine Kestiği Ceza

"Kendini cezalandırma" denilince ilk olarak akıllara gelen, kişinin kendisine zarar verici davranışlarda bulunmasıdır. Bu; kola, sırta, bileğe, bacağa, kısacası bedene bilinçli olarak zarar verme durumudur. Bu zarar verişin en üst düzeyi ise yaşama son verme yani intihardır. İnsanın kendisine vereceği en büyük cezanın bu olduğu düşünülür. Çok önemli bir ayrıntıyı da böylece ıskalamış oluruz: Oysa insanın kendisini cezalandırmasının merkezinde çoğunlukla aktif değil pasif eylemler vardır.

İnsan en çok ihmal ederek cezalandırır kendisini.

Kişinin kendisini ihmali, öyle sınırlı sayıda insanı kapsayan bir durum da değildir. Toplumda bir hayli yaygın olarak karşımıza çıkar. Peki, kişi kendisini nasıl ihmal eder?

- ✓ Tekrarlayan dikkatsizlikler, sakarlıklar sonrası yaralanmalar birer ihmaldir.
- ✓ Kişi hücresel bazda kendisine iyi bakmıyorsa, otuz sekiz trilyondan oluşan o mekanizmayı göz ardı ediyor ve ihtiyaçlarını fark etmiyorsa, buna da ihmal denir.
- ✓ Kişinin kendisini sevmemesi, sevilmeyeceği, şartlı sevileceği ilişkilere girmesi tam anlamıyla bir ihmaldir.

"Kendimi seviyorum" demekle olmaz sevgi. Hücresinin ne yediğini ne içtiğini bilmiyorsa, gereksinimlerini yerine koymuyorsa, kişi kendisini gerçek anlamda sevmiyor demektir. O hücreler birleşip birtakım dokuları, dokular organları, organlar sistemleri ve sistemler insanı oluşturuyor. En küçük yapıtaşından itibaren başlayan ihmal edilme döngüleri bizleri hasta ediyor.

Kronik hastalıkların "en temelinde" kişinin kendisini ihmal etmesi yatar.

Uykusunu düzenlemeyen, ciddi derecede alkol tüketen, sigara kullanan biri aslında kendisini cezalandırıyordur fakat bunlar hiç konuşulmaz. Kimse bu davranışları bir ceza olarak algılamaz. Oysa bunlar kendini cezalandırmanın önemli göstergeleridir ve merkezine ihmal yerleştirilmiştir.

Sevginizi Borçlandırmayın

Senin için yaptıklarım,

Senin için kendimden verdiklerim, Senin için feda ettiklerim,

Senin için vazgeçtiklerim...

Uzar gider...

"Senin için..." ile başlayan her cümle, ödenmesi zor bir borcu temsil eder.

Aslında "senin için" demek, kendinden vazgeçiş demektir. Kendinden vazgeçerek ötekine bir şeyler sunmak ve onu borçlandırmak demektir.

Gerçek sevginin içerisinde kendini tanımak, kendi yolculuğunu kavramak, kendi ihtiyaçlarını fark ederek bir sonraki adımda ötekini anlamak vardır.

Bu bağlamda her türlü ilişkiyi aklınıza getirebilirsiniz ama birinin kendisinden vazgeçerek diğerine bir şeyler vermesi ve bunu dillendirmesi en çok aşk ilişkilerinde görülür. Bazen de bu durum sözden çok bir bakış, bir duruşla karşıdaki insana aktarılır ve o borcun karşılığı istenir.

"Ben senin yerinde olsam böyle yapmazdım," ya da "Senin yerinde olsaydım böyle yapardım," demek bile farkında olmadan bir borcun karşılığını istemek gibidir.

Sağlıklı bir ilişkide insanların birbiriyle alışverişi *feda etmek* üzerine gerçekleşmez. Koşulsuz ve karşılık beklemeden gerçekleşen bir veriş hali vardır. Beyin bile buna göre çalışır. Sinir hücreleri sisteme bir haber gönderir ve onun içindeki enzimatik aktivite protein sentezini değiştirir, birçok hücrede değişiklik olur.

Doğada da durum farklı değildir. Ağaç kendi meyvesini saklayıp, "Ben bunları seneye tüketeyim," demez. Ağacın meyvesi çevresindekiler içindir. Bunu çevreye borç olarak da vermez. Onun çevresine sundukları, kabından taşanlardır.

İnsan kendisini iyi tanıdığında, yetilerini fark edip yolculuğunu anlamlandırdığında, toprağını bulup yeşermeye, havasını bulup olgunlaşmaya ve meyve vermeye başlar. Artık ötekini beslerken bunu yaptığının farkında bile olmaz.

Bu, bir anlamda kitap yazmak gibidir. Bazen yol boyu susuzluğu gideren bir çeşme olma halidir; ilime katılan onca bilgi bu sayede gerçekleşmiştir. Bizden taşanlar, ötekine sunduklarımız, başkaları tarafından sınırsızca kullanılabilir.

Sevdiğiniz bir dostunuzun sizden borç istediğini düşünün. O kadar paranızın olmadığını ve sevdiğiniz kişinin istediği borcu bir başkasından borç alarak karşıladığınızı varsayın. Bu durum karşı taraf açısından müthiş bir fedakârlık gibi algılanabilir, yaptığınız şey dışarıdan çok erdemli bir davranış gibi düşünülebilir oysa yaptığınız, o kişiyi daha da çok borçlandırmaktır.

Fedakârlık; dozu ayarlanamadığında, alacaklılar ve ödenmesi kolay olmayan borçlar yaratır.

Bazı ebeveynler bu davranışı farkında olmadan çocuklarına karşı sergilerler. Çocuğuyla kurduğu ilişkide, çocuğu için yaptığı fedakârlıkları çokça dillendiren ebeveynler oluşturdukları suçluluk duygusu ile sisteme dahil olurlar. Bu ödenmesi mümkün olmayan, karşılığı verilemeyecek bir borç yüküdür. "Görevle" yapılan her şey ötekini borçlandıracaktır. Çocuğumuza bakım vermek aslında işin doğasında vardır, bir görev değildir. Doğal olarak gerçekleşen hiçbir süreç ötekini borçlu kılmaz. Bakım verenler bu işin doğasını anladıklarında çocukları için neler "feda ettiklerini" asla dillendirmezler. Ama bu bir görev ve zorunluluk hissiyle yapıldığında, tıpkı gizli bir sözleşmenin kuralları gibi karşılığında taleplerin oluşması olasıdır.

Örneğin, beynin en küçük yapıtaşı olan sinir hücrelerini yani nöronları ele alalım. Nöronlar bizler gibi sürekli iletişim halindedir. İki nöron arasındaki muhabbet 20-40 angströmlük mesafe olan sinaptik alanda gerçekleşir. Bu alan koşulsuzca ortaya konulan bir haberleşme sistemine ev sahipliği yapar. Nöronun yaptığı binlerce bağlantıda koşulsuz bir üretim, paylaşım söz konusudur. Bir nöron bu boşluğa bir haberci gönderdiğinde her iki nöron da bu durumdan olumlu ya da olumsuz etkilenir. Yani bir hücre diğeriyle temas kurduğunda her iki hücre de bundan payına düşeni alacaktır. Farklı fonksiyonları yürüten farklı sinir hücreleri vardır. Kimi yeni hücre oluşumuna, kimi ölü hücrelerin temizlenmesine, kimisi de bağışıklık fonksiyonlarına aracılık eder. Bu fonksiyonlar ne takdir toplamak ne de diğer hücreleri borçlandırmak için gerçekleşir. Her şey akışında ve olağandır. Bedenin her zerresinde gerçekleşen tüm eylemler bedenin bütününe katkı sağlar. Bugün beden denilen müthiş yapıdan bahsediyor olabilmemizin temelinde bu koşulsuz, kusursuz işleyişin varlığı yatar.

Peki, ya insan ilişkileri? Anne bebeğini emzirdiğinde, ona dokunduğunda, şefkat gösterdiğinde, sarıldığında sadece bebeğinin değil kendisinin de hormonal aksını düzenlediğini, bağışıklık sistemini desteklediğini, beyin nöronlarına katkı sağladığını biliyor muydunuz? Vermek gibi görünen birçok şey almaktır da aynı zamanda.

Yaşamda en iyileştirici unsur derin bağlardır. Bizler bu bağlar üzerinden beslenir, yaşama tutunur ve gelişiriz. "İlişkide olduğumuz ya da iletişimde olduğumuz insana sunduğumuz, ona iyi geleceğini düşündüğümüz" o bağlarla aktardıklarımızdan bizler de besleniriz. Bütün hormonal sistemimiz, sinirsel iletişimde kullanılan haberci sistemimiz bu bağlar aracılığıyla değişir, dönüşür, üretir ve gelişir.

Bir insan koşulsuz paylaşmaya, vermeye başladığında, kabından taşanı koşulsuzca sunduğunda *oksitosin* seviyesi artar. Oksitosin beyindeki *hipokampus* dediğimiz hafıza merkezinin ana koruyucularından bir tanesidir. Bizi kaygıya, endişeye sürükleyen ve kimi zaman çok aktif hale gelen *amigdalayı* sakinleştiren hormondur kendisi... Oksitosin bağışıklık sistemine de çok ciddi katkılar sağlar.

Koşulsuz paylaşmanın bütün sistemimizi değiştirme gücü, kudreti vardır. Vermenin içinde bir borç, koşulsuz paylaşımda ise fayda sunma durumu mevcuttur. Borçlu hisseden kişinin oksitosin düzeyi düşer, kaygı düzeyi artar. Aynı şekilde alacaklının da oksitosin düzeyi düşüktür. Verdiğinin geri gelip gelmeyeceğine dair endişeli bekleyiş, zihinsel bir takıntı durumu kaygı düzeyini yükseltir. Kortizol düzeyi artmaya başlar. Bizi depresyondan koruyan ve aynı zamanda hafıza merkezimiz olan hipokampus *kortizol* yüksekliğine çok hassastır. Kronik kortizol yüksekliği bizi tüm hastalıklara açık hale getirecektir. Belki bilenleriniz olacaktır ama sizinle ilginç bir bilgi paylaşmak isterim: Alzheimer hastalığında beyinde ilk etkilenen merkezlerden birisi de hipokampustur. Bunların hiçbiri tesadüf değildir. Koşulsuz paylaşmak ile alacaklı olarak vermek arasında büyük bir uçurum bulunur.

Alacaklı olmak kibrin eseridir, paylaşmak ise "bir"lik bilincinin...

"Bunu ancak sana ben yaparım, sadece ben sana iyi gelebilirim, benim sayemde bunlar oldu..." cümlelerinin altında narsisistik öğelerin, tümgüçlülüğün tohumları yatar. Oysa paylaşan insan, tüm olanların kendisinden taşarak karşısındakine ulaştığını bilendir. "Benim sayemde, ben olmasam..." ile başlayan cümleler, eninde sonunda bir alacaklınız olduğunun işaretidir.

"Kabul görmek uğruna başarı peşinde koşmak kendinden vazgeçişin en yaygın örneğidir."

Başarı Belgesi Koleksiyoncuları

"Nazmi'nin oğlu tıbbı kazanmış, helal olsun çocuğa, yazın çalıştı kışın okudu biliyor musun, aileyi kurtardı desene, ne cevherler var valla, biz onca para dökeriz bizim çocuklarda tık yok..."

Benim de büyüdüğüm Anadolu coğrafyasında ev sohbetlerindeki ortak temaları bu örneklerden anlayabilirsiniz. Hangi yokluk ve imkânsızlıklar içinde hangi başarıya imza atılmış... "Kapıcı Veysel Ankara'da üçüncü evini almış, Nergiz'in kızı elin evinde okuyarak hemşirelik kazanmış." Bu coğrafyada başarı çok önemlidir; etiket, meslek, makam, diploma, sertifika sınav sonuçları... Çok erken yaşlardan bu yana üzerine çokça düşündüğüm hatta bir türlü anlam veremediğim ama geriye dönüp baktığımda etkisine büyük oranda maruz kaldığımı bildiğim bir konu bu. Kurtuluşun anahtarı olarak sunulan bir sınavda %1'lik başarı dilimine giriyorum ve bir sınav sonrası anne babanız, komşularınız, akrabalarınız, öğretmenleriniz size artık bir başka duyguyla bakıyor. Tıp diyorum, gerçekten susuyorlar. Hayranlık uyandırdığımı hissediyorum, hem de hayatımda ilk kez! Birdenbire görünür oluyorum, sanki yokum öncesinde. Sınavdan önceki ben ve sonraki ben, ne değişmiş olabilir ki, yine aynı ben değil miyim? Neyi kanıtlamış olabilirim? Bu sınav sevilmeye değer olup olmadığımın bir değerlendirmesi miydi yoksa?

Hiç unutmuyorum, yakın bir arkadaşım tıp fakültesini bırakıp müzisyen olma kararı aldığında, başta ailesi ve ben hem çok üzülmüş hem de kendisine çok kızmıştık. Hatta itiraf etmem gerekirse ona acımıştım bile. Şimdi anlıyorum ki arkadaşımı bu yoldan vazgeçirme uğraşlarım, aklından defalarca kez tıp fakültesini bırakmayı geçirmiş olan "beni" susturma çabamdan başka bir şey değilmiş. Acınacak durumda olan ben miydim? Düşünsenize, bu hislerimi yıllar sonra ilk kez burada dillendirebilme cesaretini ortaya koyabiliyorum.

En büyük ihtiyaçlarımızdan biri var olduğumuzu hissedebilmektir, bunu görünmek istediğiniz bir kişi sizi yok saydığında ne hissettiğinizi aklınıza getirerek test edebilirsiniz. Duyguların, yeteneklerin fark edildiği ve gözlem yapan tarafından izlenimlerin aktarıldığı bir ilişkide varlığımızı hissedebiliriz.

Ortaokul dönemimde, yaptığı zorlu sınavlar ve otoriter yapısıyla tanınan bir matematik öğretmenimiz vardı. Bu sınavlardan birinde yaklaşık 40 kişilik sınıfta sadece iki kişi geçer not alabilmişti. O iki kişiden biri de bendim. 5 üzerinden 3 almıştım. Babam sınav sonucumu öğrendiğinde ilk aklına gelen; kendisi yatılı okuldayken kitabı olmadığı için arkadaşının kitabıyla sınava çalıştığı ve 10 üzerinden 9 aldığı anısı olmuştu. Yani takdiri hak eden babamdı, ben de çocuk aklımla aynen bu şekilde düşünmüştüm. Benim gayretim, emeklerim, mücadelem babamın takdire şayan öyküsü karşısında mum gibi eriyip kaybolmuştu. Bu durumun bir birincil aynalanma defekti unsuru olabileceğini Kohut'la* karşılaşıncaya kadar öğrenemeyecektim. Tam da yeri gelmişken size birincil aynalanma kavramından bahsetmek istiyorum. İnsan kendi varlığını, duygularını hissedebilmek için kendisi dışında bir ötekinin varlığına muhtaçtır. Çoğumuzun yaşantısında ebeveynler ya da bakım verenler bu rolü üstlenirler. Birincil aynalanma kişinin var olduğunu hissedebilmesi, onaylanması ve kabulü ile sağlıklı bir şekilde gerçekleşebilir. Birincil aynalanma eksikliği, toplumda sık gözlemlediğimiz üzere kendisini hayranlık uyandırma arzusuyla gösterebilir. Akademisyenlerin, oyuncuların, şifacıların, doktorların, astrologların, aile dizimcilerinin, büyücülerin bu anlamda birincil aynalanma problemleri taşıması muhtemel gruplar olduğunu düşünüyorum. Hiç görülmemiş, duyulmamış birinin, potansiyeli dahilinde en büyük binaları dikmesi, en riskli cerrahi operasyonları yapması, şifalı taşlarla kanser tedavi etmesi (iddiası), sarkaçla geleceği bilmesi (iddiası), enerjiyle dünyanın diğer ucuna şifa göndermesi (iddiası) şaşırtıcı olmayan olasılıklardır.

Başarısızlığa tahammülü olmayanların, başarı için her yolu mübah görenlerin ilk odaklanması gereken noktanın neresi olduğunu öğrenmiş olduk. Sınav stresi kavramının gerisinde de ağırlıklı olarak bu durumu görmekteyim.

---

* Heinz Kohut, analitik ve dinamik tedavi yaklaşımlarının modern pratiğini dönüştürmeye yardım eden psikodinamik/psikanalitik teori içinde etkili bir düşünce okulu olan kendilik psikolojisini geliştirmesiyle tanınan Avusturya doğumlu Amerikalı bir psikanalisttir.

Bazı olumlu birincil aynalanma örnekleri:

- Sınavın iyi geçmemiş olabilir ama ne kadar çaba gösterdiğinin ve harcadığın emeğin farkındayım, sabrın ve vazgeçmeyişin için seni tebrik ediyorum.
- Çok iyi bir müzik kulağın var, hiç bu alana yönelmeyi düşündün mü?
- Daha önce paylaşan oldu mu bilmiyorum ama beden yapın yüzücü olmaya çok uygun.

Duygularınız, size has ve sizi farklı kılan özellikleriniz, potansiyelleriniz ne kadar erken fark edilirse, vurgulanırsa ve bu yolculuğa çıkıldığında olumlu ya da olumsuz sonuçlar oluştuğunda koşulsuzca ne kadar desteklenirseniz, kabul görürseniz birincil aynalanma süreciniz de o kadar sağlıklı olacaktır.

Muayene masasının arkasına tüm duvarı kaplayacak şekilde yerleştirilen belgeler, sertifikalar, her yere yazılan uzun akademik unvanlar, konuşmaya etiketle başlamalar, "beni gör" serzenişinden öteye gitmeyecek beyhude çabalardır. "Ebeveynim görmedi, bari sen gör" demektir çoğu zaman.

Sembolik başarı örneklerinin, tekrarlayıcı görünür olma girişimlerinin, belli bir kesimde oluşturulan hayranlığın, etkileşimin kişinin ruhi doyumunu kısmen besleyeceği bir gerçektir ancak bu durumun sağladığı geçici hazların varlığına muhtaçlık ve bu hipnotik halin süreğen oluşu kişiyi ötekinin arzusuna zincirleyecektir, dahası varoluş yolculuğunun olmazsa olmazı anlam arayışından alıkoyacaktır. Kendisini, varlığının anlamını bilme derdinde olmayan bir insan, hiçbir şey bilemez…

"Ben oldum!" dediğinde, ölmüştür insan…

"Küsmek, yokluğuyla cezalandırmaktır. Bu, ilişkiye zarar veren, içerisinde terk edilme şemaları barındıran, erken yaşlarda ebeveynlerden öğrenilmiş, işlevsel olmayan bir iletişim yöntemidir."

Küsmekle Kendime ve Ötekine Ne Anlatıyorum?

Küsmek de bir iletişim biçimidir fakat sağlıklı bir iletişim biçimi olmaktan uzaktır. Onu farklı kılan ise bireyin benliğiyle ilgili özellikleridir.

Küsmek; büyüyemeyen, gelişemeyen, immatür dediğimiz yani olgunlaşamamış bazı kendilik parçalarımızın ilişki kurma yöntemidir.

Susmak, bir süre tepkisiz kalmak iletişimin çıkmaza girdiği anlarda ilişkinin sağlığı açısından çok önemli bir yere sahiptir. Çünkü suskunluk, tartışma esnasında neye dönüştüğümüzü görmek, yaralamak mı yoksa anlaş(ıl)mak mı istediğimizi düşünmek için bize zaman tanır. Fakat uzun süreli ilişkilerde, ilişkinin olağan seyrinde ortaya çıkan, taraflardan birinin ya da her ikisinin diyalog kurmaya isteksiz oluşu iletişimin sağlığı açısından olumsuz bir durumdur. Küs olma hali, bir nevi yok olma, ortadan kaybolma durumudur. Genelde iletişim esnasında hissedilen duygunun yüküyle baş edemeyiş söz konusudur. Bu noktada deneyimlerim ışığında şunu söyleyebilirim ki bu bir pasif cezalandırma eylemidir. Kişinin yokluğuyla kendisinin, ötekinin ve ilişkinin sınanmasıdır.

Biraz daha derine indiğimizde ise temelde öfkeyi görürüz. Karşısındaki insandan beklediği yakınlığı, ilgiyi, değeri, şefkati, anlayışı göremeyen kişi hayal kırıklığına uğrar. Bu hissini paylaşmakta, duygularını ifade etmekte sıkıntı yaşarsa, ardından öfke boy gösterecektir. Öfkenin olası yıkıcılığından kaçınma, küsme davranışını ortaya çıkarabilir. Üzerinde yeterince çalışılmamış, fark edilmemiş ve karşı tarafa aktarılmamış, bastırılmış, dillendirilmeyen her duygunun muhakkak bir yansıması olacaktır. Özellikle duygu dışavurumu zayıf olan insanların ilişki içerisinde derin sessizliğe gömülmesi, ilişkisini uzun suskunluklarla sabote etmesi beklenebilir bir sonuçtur.

Küsmek, içinde bireysel öyküye dair birçok ayrıntı da barındırabilir. Bazen bir ayrışma bazen de bir terk ediş tatbikatıdır. Ama sıklıkla iç dünyamızda dile gelmeyen, ötekine ulaşmayan duyguların dilsiz elçisidir.

Küsmek; olgunlaşmamış, yeterince gelişmemiş kendilik parçalarının, ötekiyle kurduğu ilişkide kullanılır. Yeteri kadar yakınlık alamadığını hisseden, uzaklaşarak tepki verecektir.

Küsmek, "Benim senin yakınlığına ihtiyacım var fakat bu davranışın beni hem değersiz hem de yokmuşum gibi hissettirdi. Hayatında değilmişim gibi bir duyguya kapıldım ve hayal kırıklığına uğradım," demenin de bir yoludur. Bu duyguları fark edip dile getirmek içimizde tetiklenen bazı duyguları konuşabilir hale getirir ve bunları aktarmak ilişkiler için çok önemli adımlardan biridir.

Karşınızdakinin sizin küslüğünüze cevaben yoğun yakınlık göstermesi veya özür dilemesi sizde kısmi rahatlama ve değerlilik algısı oluşturabilir. Ama duyguların konuşulmaması, geçiştirilmesi, örtbas edilmesi, ortamda yavaş yavaş biriken yanıcı gaz gibidir. Birikmiş bir gaz kütlesi, normalde hiçbir problem yaratmayacak minicik bir kıvılcımla büyük bir patlamayla sonuçlanabilir. Üzeri kapatılan her duygu, ilişkinin sonunu hazırlayan, ana fay hatlarıdır.

Peki bu noktada nasıl bir yol izlenebilir? İletişim esnasında birincil olan konu, önce kendimizi anlamamızdır. Kendini anlayabilmenin ilk prensibi de duygularını fark etmektir. Duygularına yakınlaşmayan insanın en sık kullandığı cümle, "Beni kimse anlamıyor," olacaktır. Kendi adıma bu hissi her yaşadığımda kendime şu soruyu sorarım: "Peki ya sen anlıyor musun kendini?" Ancak kendimizi anlamaya başladıktan sonra diğerlerinin bizi anlayıp anlamadığı konusunda daha sağlıklı yorumlar yapabilir hale gelebiliriz. Duygularımızı, düşünüş biçimimizi fark ettiğimizde, bizi harekete geçiren ya da ketleyen birtakım uyaranların geçmişle bağlantısını görmeye başladığımızda kendimizi daha iyi kavrayabiliriz. İşin ilk basamağı kendini tanımak, kendi yolunu ve yolculuğunu anlamlandırmaktır.

"Onu değil, onda gördüğünüz
kendinizi özlersiniz."

Asıl Özlenen Kim?

Seyircisiz bir sahnede dünyanın en iyi konuşmasını yapsanız, boş bir sınıfta hayatın sırlarını anlatsanız hissiniz ne olurdu? Bir ayna sayesinde varlığınızı hissedebilirsiniz. Var olmak; iyi, kötü, eksik, fazla olmaktan çok daha önemlidir. "İyi" de "kötü" de görünür olmanın ancak bir unsuru olabilir. İnsan bu anlamda ilişki kurmaya muhtaçtır. İlişki yoksa insan da yoktur. Bebekken kendimizi sevdirmek için yaptığımız sevimli davranışlar, gülücükler, hareketler aslında birer ilişki kurma çabasıdır. İlk ilişkiyi annemizle, bakım verenimizle kurduk ve bunun karşılığında hayatta kalmamız için ihtiyacımız olan yakınlığı ve bakımı aldık.

Çiçek toprağa, toprak suya, insan da dünyaya adımını attığı ilk andan itibaren ilişkiye muhtaçtır.

"Ben annemi özledim,", "Ben sevgilimi özledim,", "Ben dostumu özledim,", "Paris'i özledim..." Aslında özlenen, nesneler veya ötekiler değildir. Ötekiyle kurulan ilişkide hissedilen duygulardır, aynada görülenlerdir. O duyguyu tekrar etme hevesiyle, "Ben annemi özledim," dediğimizde annemizin yanında hissettiğimiz duyguyu, annemizle kurduğumuz ilişkideki kendilik tasarımımızı özleriz. Beraberken hissettiğimiz duygularımızı özleriz. O duyguları tekrar deneyimleme ihtiyacı hissederiz. Bu ihtiyacın adıdır özlem.

Bir ilişki kurduğun anda karşıda "bir sen" görürsün. Yani ayna ile var olursun. Bizim aynamız da ilişkilerdir.

Genel olarak nesnenin ya da kişinin yokluğu özlem zannedilir. Bu yüzden de eksikliğini hissettiğimiz o nesneyi ya da kişiyi tekrar yerine koyduğumuzda aynı hisleri yaşayacağımıza dair beklentiye kapılabiliriz ve hayal kırıklığı yaşayabilir, yaşatabiliriz. Annemizle her karşılaştığımızda aynı duyguyu hissetmeyiz veya İstanbul'a her gittiğimizde benzer duyguları yaşamayız. Hatta şunu söyleyebilirim ki nesneye karşı duyulan isteğin, arzunun, özlemin tekrar aynı şekilde yaşanması mümkün değildir. Her "an" ancak bir kez yaşanabilir.

Çünkü her şey, herkes sürekli değişir. Aynı ebeveynin sahip olduğu üç çocuğu aslında aynı anne baba büyütmez. Duyguları, koşulları, ilişkileri, maruz kaldıkları şeyler her bir çocukta farklıdır. Dünkü senin ve bugünkü senin hücre sayısı bile aynı değildir. Devrimci filozof Heraklitos'un "Aynı nehirde iki defa yıkanılmaz," sözünün derinlerinde de bu ana fikir vardır.

Özlemdeki istek ve arzunun derinlerindeki duyguları keşfetmek insana önemli bir farkındalık kazandırır. Özlem duyduğumuz biri, canımızın çektiği bir yiyecek kendimize dair birçok bilgi taşır içerisinde... Uzun yıllardır çok nadiren tatlı tüketen bir insan olarak, baklavaya olan zaafım yakın çevrem tarafından bilinir. Her ne kadar son yıllarda pek tüketmesem de bu gıdaya olan ilgimin gerisinde ne vardı? Gaziantep de dahil olmak üzere birçok şehirde bu tatlıyı denedim. Anladım ki ben bir lezzetten ziyade bir duygunun peşindeydim. Ailecek alışverişlerin yapıldığı, annemin özenle hamur açtığı, şerbet hazırladığı, mis kokuların tüm evi kapladığı bir bayram sabahının özlemiydi belki de bu. Çocuk olmanın, aile olmanın, bağ kurmanın bir tatlıyla ilişkilendirildiği bir hipnoz hali... Bunu anladıktan sonra baklavaya olan ilgim azalmadı ama artık reddedebilir hale geldim.

Yine çok sevdiğim yiyeceklerden biri Kayseri etli pidesidir. Bakın Konya değil, Sivas değil, Nazilli değil; Kayseri. Benim çocukluğum Sivas'ta geçti. Babamın zaman zaman şehirdışı seyahatleri oluyordu. Bu yolculuklara dahil olmak için içim gitse de, ben hiç babama eşlik etmemiştim. Beş yaşında bir çocuğun başına gelebilecek en güzel deneyimlerden birinin babayla baş başa yola çıkmak olabileceğini bu öyküm olmasa ben de bilemeyecektim. Babamın, "hadi hazırlan," deyişi ve ardından yola çıkışımız sanki dün gerçekleşmiş kadar canlı ve bunları yazarken bile heyecan verici. Babamla en çok sohbet ettiğimiz, en çok paylaşımda bulunduğumuz alelade bir tren yolculuğu, ben farkında olmasam da mühürlenmişti zihnime.

O ana kadar en uzun yolculuğum yaşadığım şehirden araçla bir saat mesafede olan köyümüze olmuştu. Ama şu an babamla uzun bir yolculuğa çıkmıştık ve Kayseri'ye gelmiştik. Babam işlerini hallettikten sonra kokusunu metrelerce uzaktan aldığımız, bir etli pide salonunda bulduk kendimizi. Babamı en iştahlı gördüğüm sahnelerden biri bu olabilir. Özlem duyulan, arzulanan baba oğul ilişkisinin etli pide kokusuyla harmanlandığı, en lüks şef restoranlarının dahi yanından geçemeyeceği, karnımın değil ruhumun doyduğu bir kavuşma anıydı bu. Kayseri pidesi bir başkaydı. Sonrasında o tadı bulacağıma dair beklentiyle, içinde Kayseri geçen birçok tat denedim ama hep bir şeyler eksikti. Bazen tuzu, bazen yağı, bazen de garsonların ilgisi... Nerede o eski tatlar, o eski bayramlar, o eski dostluklar...

Eskiye, kaybedilene olan özlem, geçmişte o an içinde bulunduğumuz duygularımızı yeniden yaşantılamaya olan arzulardan kaynaklanır ve aslında her biri birer fantezidir. Öyleyse olaylara değil içindeki hissedişlere, duygulara odaklanacağız. Her şey sadece bir kez yaşanır ama duygular ve bıraktığı izler bakidir. Anlam arayışımız devam ettikçe, içinde kaybolduğumuz arzuların, fantezilerin esiri olmuş üretkenliğimizi baltalayan her döngü; yaşamımıza ışık saçan deneyimlere dönüşecektir.

"Sağlıklı kurulan ilişkilerde bireyler terk edilmezler; ya ayrışırlar ya da vedalaşırlar."

Tutulmamış Yaslar

Terk etme/terk edilme, taşıdığı anlam itibarıyla beklenmedik, ansızın bir kopuşu çağrıştırmaktadır. Yani hazırlıksız bir ayrılığa vurgu yapmaktadır. Çünkü kişi sürece hazır ise bunun adı vedalaşmadır, ayrılmadır, ayrışmadır. Fakat bazı vedalaşmalar pek de kolay değildir. Örneğin, kolunuzla ilgili ciddi bir hastalık yaşadınız, bir yere sıkıştı, kangren oldu ve cerrahi olarak alınması gerekiyor. Aslında bu, kolunuzun yani bir parçanızın beklenmedik bir anda sistemden çıkması anlamına gelir. İlginçtir ki ampütasyon sonrası, bir uzvun kökten alınmasından bir süre sonra birçok hastada fantom ağrısı denilen ağrılar olur. Beden kolu hâlâ yerinde hissettiği gibi onun ağrısını da hisseder ve "fantom ağrısı" dediğimiz yani *olmayan kolun ağrısı* ortaya çıkabilir. Tedavisi çok zor olan ağrılardan biridir. Ağrı kesiciler bu tür ağrılarda genelde etkisiz kalır.

Bu, bir uzvun, bedeni ansızın terk edişidir ve beden onun yokluğunu hâlâ kabullenememiştir. Tıpkı ayrışamadığımız, içinde kaybolduğumuz, kendimizi unuttuğumuz ilişkilerde olduğu gibi. Sağlıklı bir vedalaşmanın ana unsuru dozunda verilmiş yas reaksiyonudur. Yas dediğimizde aklımıza büyük kayıplar, ölümler ve sadece insan ilişkileri gelir. Oysa yas yaşamımızda en sık karşılaştığımız, içinde olduğumuz ama hiç farkında olmadığımız kavramlardan biridir.

İnsan evinden, odasından, yatağından, yastığından uzaklaştığında bile bir yas reaksiyonu çıkar ortaya. Başka bir evde, misafirlikte, otelde gecelediğinizi düşünün; iyi uyuyamadığınız, hatta sabah yorgun uyandığınız olmuştur. Bu durumları açıklarken Anadolu'da "yerini yadırgamak" deyimi çok sık kullanılır. Daha dramatik bir örnek verecek olursak, herkesi psikolojik ve fizyolojik olarak derinden sarsan depremler. Depremde ev yıkılmasa, can kaybı yaşanmasa bile evine aylarca giremeyen insanları düşünün. Kişinin en sevdiği koltuğundan, en çok keyif alarak izlediği diziden, yatağından, yastığından, kitap okuduğu balkonundan, buzdolabının hep aynı rafına koyduğu sevdiği içeceğinden ayrılması da bir yas reaksiyonu oluşturur. Oluşan bu hüznün kaynağını fark edebilenlerin ve edemeyenlerin duruma verecekleri tepkiler çok farklıdır.

Duygusuna yakınlaşmayanın sıklıkla hissedeceği örtük duygu (asıl duygunun arkasına gizlendiği, maskeleyici, görünür olan ikincil duygu) öfkedir. Farkında olmak biraz daha acıyla, hüzünle karakterizedir ve sağlıklı vedalaşma da burada başlar. Öyleyse yaşamımızda çok çalışarak hak ettiğimiz bir başarıdan, daha sağlıklı olmak için en sevdiğimiz yemekten, planlanmış tatilden, yazmaktan, haz almaktan vazgeçmek durumunda kaldığımızda, bunları engellediğimizde ya da engellendiğimizde de bir yas reaksiyonu ortaya çıkması muhtemeldir. Yas, vedalaşabilmek için çok önemlidir. Yası tutulmamış bir ayrılık tıpkı fantom ağrısı gibidir. Kabullenemediğimiz, yok saydığımız kayıpların acılarını, ikameleriyle bastırmak kısa vadede işlevsel görünse de, döngüsel bir şekilde daha büyük bir acı yaratarak tekrar tekrar karşımıza çıkarlar. Vedalaşamadığımız her şey bir boşluk olarak orada durur ve alan işgal ederler.

Freud okumalarımda, Freudyen pencereden, kaybın ne olduğundan emin isek bunun bir yas reaksiyonu; kaybın ne olduğunu anlamadan, anlamlandırılamayan sembolik bir kayıp yaşıyorsak bu durumun melankoli ile ilişkilendirme eğilimi olduğunu yorumladım. Yas dediğimizde aklımıza her ne kadar kaybın ne olduğundan emin olduğumuz durumlar gelse de çoğu zaman kaybedilenin neyi temsil ettiğini bilmeyiz. Anneyi kaybeden anneye yüklediği anlamları kaybeder. Birçok öykü için anneyi gerçeğe yakın değerlendirdiğimizde (çok meşakkatli bir iştir), onu kaybetme hissini defalarca yaşadığımızı görürüz. Birini kaybetmek için ölüm gerekmez.

Benim anlattığım pencereden, en sağlıklı yas insanın kendi gerçeğine yakınlaşmasıyla ortaya çıkar.

Ölümle, kayıpla gelen "büyük yaslar" gerçekliğin olası yıkıcılığını erteleme seçeneği kalmadığı için ortaya çıkarlar.

Güvenli bağlanma ile bağ kurulan, değerli, yeterli, huzurlu, coşkulu hissedilen bir ilişki modelinde, yaşanacak olası bir kayıpta beklenenin aksine yas reaksiyonu çok daha sağlıklı gerçekleşecektir. Yas gerçekliğe adaptasyon sürecidir.

Mehtap 35 yaşındaydı ve 25 haftalık gebeydi. Astım atakları, nefes darlığı, çarpıntı, ciddi uykusuzluk problemi gibi şikâyetlerle başvurmuştu. Eşiyle yıllardır süregelen problemleri vardı ve defalarca boşanma planı yapmıştı fakat bir şekilde evliliği devam etmiş hatta gebe kalmıştı. İşte bu dönemde, gebeliğin ilk haftalarında boşanma kararını netleştirmiş ve ilk kez kararlı adımlar atmıştı. Öyküsünü anlatırken genel olarak anne vurgusu hâkimdi. Babasını sorduğumda dakikalarca sessiz kalmış ve ardından "anlatacak bir şey bulamıyorum" demişti. Zamanla babasıyla ilgili konuşur hale geldi ve maruz kaldığı duygularla, babasından alamadığı birçok duygu ve yakınlıkla, bunun yanında travmatik birçok olayla yüzleşti. Güven duygusunu çocukken tanımamıştı. Babasıyla hatırladığı tek bir anısı yoktu. Onu tarif edecek bir sıfat bulamıyor, "Çevresine karşı iyi bir adamdı," demekle yetiniyordu. Var olduğunu zannettiği babasının yokluğuyla yüzleştiğinde neden bir türlü varlığını hissedemediği, değer görmediği ve duygu alamadığı bir eş seçtiğini anlamlandırmaya başlamıştı. Gebeyken yaşadığı ayrılık birçok insana baş edilemez gelse de Mehtap için bu durum iyileşmenin elçilerinden biriydi. Belki de farkında olmadan henüz doğurmadığı evladının kendisi gibi varlığını hiç hissedemediği bir babayla büyümesine, benzer öykünün tekrarlanmasına engel olmaya çalışıyordu. Psikoterapinin ardından, eski eşine karşı hissettiği yoğun öfkenin aslında "babasına duyduğu öfke" olduğunu anladığında eşine olan olumsuz duygularının yumuşadığını fark etmişti.

Doğum yaklaştıkça görüşmelerimizin sıklığı artmış, Mehtap kendini daha iyi hissetmeye başlamış, astım atakları oldukça azalmıştı. Doğumuna çok yakın günlerde ise hasta olan babasını kaybetti. Tuhaf bir zamanlamayla yaşanılan bu durum adeta Mehtap'ı bu kayba hazırlamak için kurgulanmış bir oyun gibiydi. Bir taraftan bebeğini yalnız başına doğuracak ve büyütecek olmanın verdiği endişe, diğer taraftan babasını kaybetmesi Mehtap için oldukça baş edilemez yaşam olayları gibi gözükse de, kendini anlamaya yönelik özlemi ve haftalarca yapılan görüşmeler sayesinde yasını sağlıklı bir şekilde tutmaya başlamıştı. Hatta bu zamana kadar hiç dillendirilmemiş tüm duygularla beraber babasını uğurladı. Seansta, "Ben babamı eşimden ayrıldıktan sonra bu odada zaten öldürmüştüm, vedamı da burada ettim. Şimdi sadece gömüp yasımı tutuyorum," ifadesiyle babasına olan öfkesinin sağlıklı yas sürecine dönüşünü özetlemiş oldu. Yas, birinin ölümü müydü yoksa onu zihinde öldürmek miydi?

Travmanın kaynağı en yakınımızdakiler, sevdiklerimiz, teslim olduklarımız, bakım verenler olduğunda bu sürecin ardından ilişki kurmamız, bir ilişkide derinleşmemiz oldukça zor olur. Dolayısıyla sağlıklı kurulamayan ilişkileri de sağlıklı bir şekilde sonlandırmak pek mümkün olmaz. Bir ayrılma, ayrışma istiyorsak burada karşımızdaki kişinin yolculuğu, kendi yolculuğumuz, bu ilişkinin meydana gelişi, ilişkide karşılıklı yapılan yatırımlar, hisler, duygular, gerekirse konuşulmamışlar dillendirilmeli ve bunlar üzerinde çalışılarak gerçek vedalaşma sağlanmalıdır.

Birbirlerinin yolculuğunu bilerek yola çıkmak ya da yolları ayırmak ilişkiye dair sağlıklı süreçlerdir.

Söylenmemiş sözlerle bezenmiş, karşısındakinin öyküsünden bihaber, içeride birçok duygunun hapsolduğu ilişkilerdeyse hem ayrışma hem de vedalaşma çok zordur. Öfke, ilişkinin maskesi haline gelir. Öfke ile hüzün yan yana gider, hatta hüznümüzü yaşamaya engel olur ve bize kendimizi suçlu bile hissettirebilir. Kişi ebeveyniyle arasındaki birçok sorunu çözemeden onları kaybettiğinde, açık kalan birçok sayfa yüzünden öfke duyabilir. Dile getirmek onu suçlu hissettireceği için öfkesini baskılar ve yas reaksiyonu çok uzar. Hatta tutulmamış, fark edilmemiş yaslar ikame ilişkilerle yaşamımızda varlığını sürdürür. Bu nedenle sağlıklı vedalaşma, sistem için çok önemlidir.

Kısırdöngüden Kurtulmak Mümkün mü?

Vedalaşılamayan, kısırdöngülü ilişki modellerinde o ilişkinin hayatınızdaki yerini bulmanız gerekiyor. Örneğin, karşınızdaki insan çok cesur, kapsayıcı, anaç, babacan, koruyucu olabilir; belki sizi çeken bu koruyucu tutumudur. Belki de sizin uzak kaldığınız dış dünyayla olan sosyal ilişkileridir. Yani aslında sizde olmayan bir özelliğin bir ilişkiyle tamamlanması söz konusudur. Ayrışamadığınız kişi, sisteminizdeki yerini görüp aslında size dair geliştirmeniz gereken alanı gösterir. İlişkiler kendinize ayna tutmanızı sağlar. Kendinizi, eksikliklerinizi görmeniz açısından harika birer aynadırlar, nereyi geliştirmeniz, hangi kaslara çalışmanız gerektiğini, çok güzel ifade ederler. İlişkiler, bitmeden bile kendinizdeki eksiklikleri fark edip tamamlanma fırsatı sunar size. Bunu görmediğiniz takdirde vedalaşma, ayrışma ve yas reaksiyonları hayli zorlaşır. Sağlıklı bir ilişki içinde ayrışma çok önemlidir. İlişkide ayrışmak, bireysel sınırlara saygı duymak kişiyi bağımlılıktan korur, ilişkiyi besler ve olası bir ayrılık durumunda sağlıklı vedalaşmak için büyük önem taşır.

İlişkideki aynaya bakıp kendini, aynadaki çiziklere bakıp yaralarını ve eksiklerini görüp vedalaşmayı öğrendiğinde aslında kendini de görüyor insan. İlişki derinleşip sevgiyle beraber daha doğru bir iyileşmeye gidebiliyor. Özellikle bağımlı ilişki modellerinde kendimizi görüp fark etmemiz çok zor. Bağımlı ilişkilerde kişi "Bu ayna giderse ben bir daha kendimi göremem," sanrısıyla kendini görebileceği iyi kötü bir aynaya tutunmak zorundadır. İlişkiler o yüzden hava gibi su gibidir. İnsan iyi veya kötü fark etmeden yakın aşk ilişkilerinde kendini görmek ister. Kimi zaman aynaların gerçekleri göstermediği de olur. Örneğin, baktığınız ayna karşınızdaki kişinin yaralarını "sizinmiş" gibi gösterebilir. İşler burada karışır çünkü size ait olmayan bir yarayı farkında olmadan kabul etmiş olursunuz. Özellikle bağımlı ilişki modellerinde sistemden çıkarsak –güneşin yörüngesinden çıkarak boşlukta sallanan dünya gibi düşünün– bu duygular kendini gösterebilir. Kaybolma ve yok olma hissi, bağımlı ilişki modellerinde terk ediliş sürecinde kişiyi daha büyük sıkıntılara sokar. O gidince sistemin de yok olup gideceğine, ilişki biterse hayatın devam edemeyeceğine dair bir inanç veya manipüle edilme hali olabilir. Bu inanç korkutucudur. Dehşet verici bu hisler, yok olma, mahvolma, yitip gitme gibi yoğun kaygının yaşanacağı yeni ve benzer bir ilişki modellerine yönelimle sonuçlanabilir. İnsanın kaybının yerine bir şeyler koymasına sıklıkla rastlar, ilişkilerde de bunu sık görürüz. İkame olan her nesnenin yerini tekrar bir ikameye bırakma olasılığı çok yüksektir. Bizler bunu anlamlandırabilirsek sistem ancak o zaman değişir. Aslında yerine konulanın ne olduğunu, bizde hangi duyguları uyandırdığını, neyi temsil ettiğini, hangi duygularımızın tekrarlayıcısı olduğunu, anlamaya ihtiyacımız var. Bazen terk ediliş, yeni bir terk edilişe doğru yelken açmaktır. Benzer yaralar birbirini çeker ve insan kimi zaman sararken kimi zaman da kanatırken bulur kendini. Öykümüzün bize biçtiği rolleri yaşamak ve sonuçlarına isyan etmek mi, yoksa öze dönüşün tekinsiz yollarını cesaretle katetmek mi...

"Aldatılmadın! Kandırılmış hissedeceğin ilişkilere yöneldin..."

Ne Aldatıldın Ne de Kandırıldın...

Aldatılmak, kandırılmışlık hissi, ihanete uğramak... Bu duygular insanın derinlerinde bulunur, kolay kolay da gelmez dile. Aldatılma sözcüğünün zihnimizde çağrıştırdığı anlamlar benzerdir. İkili ilişkideki ihanetlere –bir eşin aldatılması, bir sevgilinin aldatılması, başka biriyle duygusal veya cinsel yakınlık kurulması gibi– dar bir çerçeveye, bir düşünce kalıbının içine sıkıştırmaya çalışma eğiliminde olsak da, bu kavram çok erken yaşlarda kişisel hikâyemize eklemlenmiş düşünsel tasarımlardır. Peki ne demek bu?

Sıklıkla karşılaştığım bir örnek tablodan bahsedeyim. Bir kız çocuğu, anne ve babasının ilişkisini gözlemler, ilişkideki sıkıntılara da şahit olur. Babayı inceler ve babanın annenin dışındaki kadınlarla da yakın temas içinde olduğunu, hatta başka kadınlarla yakınlaşabileceğini, özellikle annesinin tepkilerini, duygularını referans alarak kaydeder. Bu çocuk, annenin dile getiremediği çoğu durumu kendi içinde fazlasıyla yaşar. Burada sözsüz bir iletişim vardır. Babanın, annenin yaşamasına vesile olduğu aldatılmışlık hissi direkt olarak çocuğa aktarılır. Annesinin aldatılmışlık duygusunu örtük bir biçimde en derinlerinde yaşar. Oysa anne ile babanın ilişkisinde annenin bu durumla baş etmesi, bu krizi doğru yönetmesi, hislerini anlayıp anlamlandırması ve babayla ilgili yolculuğunu gözden geçirmesi hem kendisini hem de çocuğunu koruması açısından en işlevsel yoldur. Bu sorunlar konuşulmazsa, anne böyle bir durumdan (aldatılmaktan vb.) kurtulamadığı, bazen boyun eğip bunu kabul ettiği için çocuğa da tüm negatif duygularını aktarır. Yani anne hem öfkeli hem kırgın hem de aldatılmıştır ancak sistemden çıkmaz ya da çıkamaz.

Bu hisleri yaşayan bir annenin yavrusuna, "Senin için, sizler için babanıza katlanıyorum, her şey sizin için, yuvamızı yıkmamak için," dediğini düşünün. Anne burada çocuğuna gerçekleri mi söylemektedir, yoksa farkında olmadan kendi terk edilme kaygılarını yatıştırıp geleceğini garanti altına almaya çalıştığı bir fedakârlık imparatorluğu mu inşa etmektedir? Böyle bir senaryoda anne hiçbir şey söylemese bile baba karşısında yaşadığı tüm hisleri çocuk alır ve kopyalar. Gerçekler değil, annenin hisleri, duyguları kaydedilir ve kişilik yapısına entegre olur. Aldatılmaya sıklıkla erken yaşlarda başlarız; haline en çok üzüldüğümüz, kurtarıcısı olmayı arzuladığımız ebeveynimizin benzerlerini mıknatıs gibi üzerimize çekerken buluruz kendimizi. Mağdurları kurtarırken mağdur olmak, etrafımızı alacaklılar sarmış hissi pek de yabancısı olduğumuz durumlar değildir. Babanın anneyi, annenin çocuğu aldattığı bir ailede büyüdüğünü çoğu insan fark edemez ama kurduğu ilişki modelinde bu durum açıkça gözlemlenebilir.

Yine ilk senaryoyla devam edelim. Ayartıcı bir baba ve kendisini onunla yaşamaya mahkûm hisseden bağımlı bir annenin kız çocuğu. Bu kız çocuğu yetişkinliğinde aldatılmaya aşırı tepki verebilir ve aldatılacağı ilişki modellerini çekici bulabilir. Yani o küçük kız çocuğu, yaşadığı, tanıdığı duygu havuzu ortamının bir benzerini inşa etmeye programlıdır. Aldatılma potansiyeli taşıyan ilişkiler kurabileceği insanlar daha çekici, daha tanıdık gelebilir. Peki, ne oluyor da insan ısrarla bu ilişkilere yöneliyor ve sürdürmek için çok çaba harcıyor? Öncelikle, tanıdık olanın zihin açısından daha güvenli olarak kodlandığını biliyoruz. Diğer yandan çocukluğa dair bilinç yüzeyine çıkarılmamış birçok sahneyi tekrar yaşamamız olağan. Neydi tetikleyici olan, masum, çaresiz bir kız çocuğu olarak, sevgisini kaybetmekten korktuğu, bağıramadığı, kızamadığı ve annesinin terk edemediği; babanın yerine, yetişkinliğinde seçtiği sembolik babayı bu kez cezalandırıp terk etmek mi, yoksa bu defa aldatmasına, ihmaline engel olmak mı ya da aldatarak ondan intikamını almak mı?

Yetişkinlik, çocukluğun telafisi olmaya
başladığında yaşam içinden çıkılmaz bir hal alabilir.

Yüzleşemediğimiz, üzerini örttüğümüz birçok acının üzeri kapalı olduğu için, biz onun travma olduğunu, hatta orada olduğunu dahi anlayamayız. Fakat kurduğumuz ilişkilerde, o kız çocuğunda olduğu gibi annenin rolüne girip aldatılma hissi yaşayan ve bu kez annesinin öfkesini, kırgınlıklarını uygun bir partner seçerek onun üzerinden sahneleyen ya da tam tersine annenin edilgenliği, zayıflığı nedeniyle anne yerine aldatmaya meyilli babaya dönüşen bir role bürünebiliriz.

Şu noktaya dikkatinizi çekmek isterim: Biz kandırılmış, aldatılmış hissedebileceğimiz ilişkilere girebilir ya da karşımızdakini bu rollere sokabiliriz. Bu yüzden suçlu değiliz. Önemli olan öykümüze yakınlaşarak mağdur olma ve etme döngülerini besleyen ana kaynakları keşfetmek ve gerekirse bu alanda yardım almaktır.

Sistem iyi ya da kötüyü seçmez. Orada sadece halledilmemiş, fark edilmemiş birtakım duygu ve düşünce yapılanmaları mevcuttur. Sistem bunu tekrar tekrar açığa çıkarır ve onu sürekli onarmaya ya da bozmaya çalışır.

Güliz 38 yaşında, hiç evlenmemiş başarılı bir cerrahtı. Depresif bozukluk tanısıyla yıllar önce bana başvurmuştu. Sürekli aldatıldığından ve kandırıldığından bahsetmiş, karşısına hep benzer kişilerin çıktığını ve bu döngüden artık kurtulmak istediğini söylemişti. Hayattan zevk almıyor, yıllardır antidepresan kullanıyordu. Bir gece barda tanıştığı ve çok âşık olduğu kişi tarafından defalarca aldatıldığını, her defasında canı yanmasına rağmen bu ilişkide kalmak için çaba harcadığını anlattı ilk seansta. Eğlenceli bulduğu hatta eğlenceli yönüne âşık olduğu, oldukça sosyal ve biraz da başına buyruk yönleri olan erkek arkadaşının bu özelliklerinden başlarda hoşlanırken, zaman geçtikçe bu tutum ve davranışları onu rahatsız etmeye başlamıştı. Hikâyesinde biraz daha derinleştiğimizde, babasının sürekli annesini aldattığını ve onun başka bir kadınla birlikteliğine küçük yaşlarda tanık olduğunu, yüzeysel ve duygusuz bir şekilde aktarmıştı. Görüşmelerde, annesiyle sürekli kavga ettiğini, babasını çok sevdiğini, her gece geç saatlere kadar onu görmek için uyumayıp beklediğini belirtiyordu. Babasını, çocuklarına karşı "şakacı, eğlenceli ve komik" olarak tanımlıyordu. Babasına duyduğu hissi "sevgi" diye adlandırsa da babadan alınamayan yakınlık ve annesini aldatması yüzünden ona karşı yoğun öfkesini bastırmakta güçlük çektiğini görebiliyordum. Erkek arkadaşıyla ilk tanıştığında onun eğlenceli yönünün dikkatini çekmesi, hızla yakınlık duyması hatta kısa sürede bu hislerini aşk olarak nitelendirmesi de muhtemelen yine babasına duyduğu hislerin bir izdüşümüydü. Erkek arkadaşında Güliz'e tanıdık gelen his, babasının enerjik, dışa dönük, tekinsiz taraflarıyla sıkı sıkıya bağlantılıydı. Her defasında aldatma potansiyeli olan adamlara ilgi duyması ve değersizlik hissine rağmen o ilişkide kalmaya ısrarlı oluşu, annesinin girdiği kurban/mağdur rolünün kendi hayatında tekrar sahnelenmesi gibi görünüyordu. Güliz'in tanıdığı ve bildiği ilişki modeli buydu. Derinlerinde gömülü olan duyguları, otomatik seçtiği ilişki modellerinde tekrarlıyordu. Her geçen seansta yüzleştiği duygular onu hiç beklemediği limanlara sürüklüyordu. Şaşırıyordu, ağlıyordu, sanki başka birinin hayatını yaşıyormuş gibi hissediyordu. Haksız da sayılmazdı, içimizdeki kendilik parçalarını tanıdıkça, uzaktan bakıldığında devasa bir ada gibi görünen bu yapı, içinde onlarca minik adacık barındırıyordu. Ben zannettiğimiz her adacık asıl büyük adanın bir parçasıydı sadece.

Seanslarda edindiği farkındalıklarla çıktığı iyileşme yolculuğu, her gün ameliyat ettiği bedenlerin iyileşmesinden biraz farklıydı. "Ruhun cerrahisi, bedeninkinden çok daha zormuş," cümlesi dökülüvermişti ağzından. Yolculuğun ilk adımı, ilişkisini bitirme kararı ile atılmıştı. Bu dönem başlamış olduğum takviyeler, vitaminler, mineraller ve düzenli görüşmelerin de yardımıyla yıllarca yanı başından ayıramadığı antidepresanlarla vedalaşmıştı. Güliz yaşamında ilk kez çocukluğuyla bu kadar yakınlaşmıştı. İlk görüşmelerde benden önceki terapistini aldatmış olabileceği hissinden rahatsız olduğunu paylaşmıştı. İlerleyen seanslarda bu konuyu hatırlattığımda, bu düşüncenin öyküsüyle bağlantılı olabileceği gerçeği kendisine de ilginç gelmişti. Güliz dönüşüyordu. İçine girdiği her öykü, eşlik ettiği her yaşantıya daha farklı bir gözle bakmaya başlamıştı artık. Terk edilme, aldatılma korkusu gibi hislerinin altında yıllarca bu duruma zaten çocukluğundan bu yana maruz kaldığını ama fark edemediğini gördü. En büyük korkularımızın altında sıklıkla zaten yaşadığımız ama dile dökülmeyen bilinçdışı kayıtlar yatar. Kendine gelemeyen ötekine gidemez...

"Zihin, iyiye ya da kötüye değil 'tanıdık olana' yönelir. Geldiğiniz yollar, gideceğiniz yolların aynasıdır..."

Zihin Tanıdık Olana Yönelir

Beyin gelişimi henüz annemiz bize gebeyken, bizler annemizin karnında büyüme yolculuğundayken başlar. "Bir şey bize zarar verebilir" hissi olarak tanımlayabileceğimiz tehdit hissi, beynimizdeki bademe benzeyen minik bir organ olan "amigdala"yı uyarır. Bu tehdit algısı üzerinden kalbimiz daha hızlı çarpar; koşarız, kaçarız, savaşırız. Bu işlev gebeliğin henüz sekizinci ayında çalışır hale gelir ve beynimizin inşası biz doğduktan sonra da devam ederek sürekli nöronal bağlantılar, yolaklar oluşur. Buradaki anahtar bilgilerden biri tehdidi algılayan beyin yapısı olan amigdala gelişiminin, beynin diğer kısımlarıyla karşılaştırıldığında çok daha erken tamamlanmış olmasıdır. Tehdidi erken algılayan bir sistemin varlığı, hayatta kalma olasılığını daha yükseltir. Belki de hayatta kalma şansımızı artırmak için beyin gelişimi bu şekilde bir adaptasyon mekanizması geliştirmiştir.

Beynimizin biz doğduktan sonra ilk ve daha hızlı gelişen kısmı sağ tarafıdır. Özellikle altıncı ay itibarıyla annemizle kurduğumuz bağ sayesinde, onun gözünün içine bakarak, o aynada kendimizi görüp fark etmeye başlarız. Beynimizdeki birçok yol, nöronal bağlantılar biz farkında olmadan erken dönemde inşa edilmeye başlar. Ve bizler yaşamın ilerleyen döneminde bu yolları kullanırız. İçerideki nöronal ağlar ile dış dünyada sergilediğimiz eylemler arasında sıkı bir senkronizasyon vardır. Bu anlamda, beynimizde nasıl oluştuğunu bilmediğimiz pek çok yol vardır. Her gün kullandığımız yollar, sürekli kullanıldığından dolayı artık otomatik ve seri bir şekilde kullandığımız bir otoyol haline gelir. Kullanılmayan veya az kullanılan yollar ise bir buğday tarlası içerisinde giderken bıraktığımız minik izler gibidir. Bugün tercih ettiğimiz yollar, yaşamın erken dönemlerinde oluşturduğumuz sinirsel ağlar ve bu ağlara eşlik eden duygularla şekillenir. Daha sonrasında ise nasıl oluştuğunu hatırlamadığımız, üzerine hiç düşünmediğimiz bu yollarda geçer hayatımız. İşte insan böyle bir varlık; tanıdık olana, yani benzer duyguyu hissederek gide gele ezberlediği yollara yönelme olasılığı çok artar. Yani iyi ya da kötü değil; uzun zaman öncesinde işlenmiş, inşa edilmiş, kurgulanmış, yapılmış yollar aslında bugünkü seçimlerimizde büyük rol sahibidir.

İnsan duygusal olarak sevilmeyeceğini, değer görmeyeceğini hissettiği, bu şekilde aynalandığı bir senaryoda, değer görmeyeceği bir ilişkiye girebilir. Hiç değer ve yakınlık alamayacağı ya da yakınlık alsa bile öyle hissetmediği, "Yakınlığını alamıyorum ya da sevilmiyorum, değerli hissetmiyorum," dediği bir yola, geçmişteki hislerinin benzerlerini tekrarlayacağı senaryolara girme olasılığı artar. O yüzden çoğu seçimlerimizi de söylediklerimizi de yaşadıklarımızı da o an neden deneyimlediğimizi anlamak çok zordur. Bu deneyimler ve yollar kişiye özgüdür. Örneğin aynı olayı birkaç kişi aynı anda deneyimlese bile herkes kendi içinde farklı hisler, duyumlar, duyumsamalar yaşar. Farklı düşüncelere kapılır ve ortaya farklı duygular çıkar. Herkesin öyküsü kendi içinde özel ve biriciktir.

Çevremizdeki insanlardan bahsedilirken zaman zaman, "Eş olarak annesine benzeyeni seçti, babasına benzeyeni seçti," dendiğini sık sık duyarız. Aslında biz anne babamızın yolundan değil, onların bize hissettirdikleri, bizim algı dünyamız da oluşturdukları nöronal yollardan gideriz. Neyi duyumsadığımız çok önemlidir. Asıl kod buradadır. Yaşadığımız birçok duyguyu tekrar deneyimlerken buluruz kendimizi. Annemize babamıza benzeyeni değil, onların bizde üstü gömülü bir şekilde yarattığı hisleri, nöronal ağları ve duyguları deneyimleriz. O yollar üzerinden gitme olasılığımız artar. Bu durum, kurban modundan ya da kendine öfke duyup kendini yargılamaktan kendini anlamaya, kabule doğru giden bir yolculuğa dönüşür. İnsan kendisini kabul ettikçe, aynı yollardan gitme konusunda ısrarlı olmaktan vazgeçme şansını yakalar. Aslında bizim "özgür irade parçacığı" dediğimiz şeyin tanımı buradadır. Kendi duygularını, algılama biçimini fark etmeye başlayan, neden o yolda olduğunu da anlamaya başlar. Kabulün içerisinde, insanın kendisini artık suçlamayışı, yargılamayışı ve kendisine daha şefkatli davranması vardır. Basit gibi görünen bu uygulamalar sinir sisteminde yeni bağlantılar oluşturmak anlamını taşır. Bu yeni nöronal ağlar hiç gidilmemiş yollar gibidir.

Daha önce hiçbir ayak izinin olmadığı, kimsenin gitmediği ıssız yoldan gitmek cesaret gerektirir ve risk taşır belki, ama esaretten kurtuluşun başka bir yolu da yoktur.

35 yaşında, bekâr, bir şirkette yazılım uzmanı pozisyonunda çalışan bir danışanım, sedef ve hashimoto hastalıkları sebebiyle başvurmuştu. Sürekli depresif olmaktan ve duygu durumundaki iniş çıkışlardan yakınıyordu.

Otoriter, eleştirel, kontrolcü ve olumlu duygularını yansıtma noktasında pek de istekli olmayan bir yöneticisi olduğundan bahsetmişti. Ama Sedef Hanım kendisini diğer çalışanlardan daha ayrıcalıklı hissettiğini, çok çalışma isteyen incelikli projelerde yürütücü, aksayan şirket işlerinde problem çözücü olarak rol oynadığını aktarmıştı. Neredeyse tüm hayatı işyeri ve kariyer hırslarıyla dolmuştu. Sedef Hanım başarılıydı, mesleki anlamda kendisini oldukça yeterli, bilgili hissediyordu. Peki, her sabah ayaklarının geri gittiği, değersiz, yetersiz, işlevsiz hissettiği bu ortamda yıllardır çalışıyor olmasının gerisinde ne vardı? Birçok kez işten ayrılmayı düşünmüştü ama yöneticisine bunu her söyleme girişiminde sanki o bunu önceden hissediyor ve böyle durumlarda yakınlık gösteriyordu. Sedef Hanım her defasına minik bir şefkat kırıntısının yarattığı olumlu duyguların etkisiyle işine devam ediyordu. Sedef Hanım üç kız kardeşin en büyük olanıydı. Henüz ayakları tezgâha bile yetişemiyorken ayaklarının altına iskemle koyarak evin bulaşıklarını yıkamaya başlamış, ev işlerinde annesine destek olmuştu. Derslerinde oldukça başarılıydı, sorunsuz, hiç şikâyet etmeyen, uysal, uyumlu bir çocukluk geçirmişti. "Annen ve baban sana sevgisini nasıl gösterirdi?" sorusunu sorduğumda dakikalarca sessiz kalmıştı. Çünkü genellikle annesine yardım ettiğinde anneyi, başarılı olduğunda her ikisini de mutlu ediyordu. Sevgi almak değil de mutlu etmek üzerine programlanmıştı sanki. Ancak diğer iki kız kardeş Sedef'in evin en çok sevilen, ayrıcalıklı evladı olduğu konusunda hemfikirdi. İşyerinde de diğer çalışanların ayrıcalıklı çalışan olarak düşündükleri ruhu ve bedeni yaralı Sedef'i başarıları iyileştirebilir miydi? Başarısız olmaktan çok korkuyordu. Kurduğu tüm ilişki modellerinde destek olan, eksiklikleri gideren, kendisini ihmal eden bir yapıya bürünüyordu.

Soğuk, uzak, sevgisini belli etmeyen, başarı odaklı bir babanın favori kızıydı Sedef. Başarı peşinde koşmak babaya ulaşma arzusunun bir temsili miydi? Tıpkı babada olduğu gibi ikamesi olan yöneticisine de mi ulaşamayacaktı?

Tekrarlayan görüşmelerde erken çocukluk döneminde nasıl bir evde büyüdüğünü, nasıl sevildiğini sorgulamak ve yüzleşmeler önemli farkındalıklara vesile olacaktı. Nasıl sevildiği sorusuna yanıt ararken bulduğumuz cevap kendisini sevdirmek için harcadığı çabayı ortaya koymuştu. Belli ki sevgiyi bu şekilde almak oldukça zordu, küçük kardeşi gibi hastalanarak yakınlık araması da sadece yakın çevresinden kısa süreliğine bir destek almasını sağlamış, ancak yine hayal kırıklığıyla sonuçlanmıştı. Sedef'in sedef yaraları beni gör, acımı gör, yaramı sev serzenişlerinin bedenlenmiş haliydi. Sedef şunu anlamıştı; bu mesajlar anneye, babaya, patrona değil bizzat kendisineydi.

Babası tarafından maruz kaldığı hisleri yeniden deneyimleyeceği bir patronla çalışması hatta belki de hastalığıyla aynı ismi taşıması da tesadüf değildi. Başlarda farkında olmadığı hatta "Yakın hissettim," dediği patronuna karşı olan duyguları artık tahammül edilemez bir hal almıştı. Sedef Hanım, terapi seanslarında babasını yakından tanıdıkça bir türlü üretken hissedemediği o işyerinden ayrıldı. Vedalaşma sadece işvereniyle gerçekleşmemişti. Hayatında olan insanlar, hastalıklar her biri birer temsildi. Yerine baba figürü yerine geçecek yeni bir yönetici koymamıştı. Sağlıklı bir yas reaksiyonuydu bu. Yıllardır ertelediği yoga eğitimlerine başlama kararı aldı. Sağlıklı gıda tariflerinin olduğu bir atölyeye katıldı. İlk kez kendisi için bir şeyler yapmaya başlamıştı, hem de suçluluk hissi olmadan. İlginç bir öyküydü bu, kendisi için iyi bir şeyler yapması, ötekileri haksızlığa uğratmak hissine yol açmıştı yıllardır. Bağırsaklarına, hücresine ve öyküsüne yakınlaştıkça bedendeki yaralar da susmaya başlamıştı. Bu yaraların, acıların dönüşüm yolculuğuna aracılık edeceği hiç aklına gelmemişti. Yeni bir yoldu bu, tanıdık olmayan, biraz tekinsiz, biraz da rahatsız edici ama çıkmıştı artık yola ve meyvelerini toplamaya başlamıştı bile.

Döngülerden çıkmanın yolu bazen bedende çıkan bir yarada gizlidir. Görmeye niyet etmek iyileşmeye giden ilk adımdır.

İkinci Bölüm

BELKİ DE TEK DİLEĞİMİZ ŞEFKATTİ...

"Kusur aramak; bataklıktan çıkma çabasına
şahit olmadığın birini,
üzerindeki çamura bakarak yargılamaya benzer.
Yol zorlu ve bugün,
geçmişin izleriyle dolu.
Kendine ve ötekine şefkatli ol!"

Kusur Arayanların Şefkatsizliği

Sözlüklere bakarsanız şefkatin karşılığı olarak, "acıma, acıyarak merhamet etme" gibi kavramları görürsünüz. Bu kavramlar, şefkat olgusunun içerisinde farklı bir yer kaplıyor çünkü acımak ve merhamet etmek, insanın biraz daha kibirli parçalarının ön plana çıkması olarak düşünülebilir mi? Önceki bölümlerde şefkat kavramını tanımlarken, kendisine şefkat göstermeyi öğrenen bir varlığın artık şefkat göstermek için çaba harcamasına gerek kalmadığından, bunun otomatikleştiğinden bahsettik. Örneğin bir insanla karşılaşıyorsunuz; yaraları, nasırları, geçtiği yolların izleri var üzerinde. Ama karşınıza geldiği o haliyle sizde hoşnutsuzluk yaratıyor. Sistemimiz onu şimdiki anda mevcut duruşuyla, ses tonuyla, fiziki özellikleriyle, söylemleriyle anında yargılıyor. Aslında karşımızda gördüğümüz kişide bizi rahatsız eden, bize bazen tanımlanamaz, hoşnutsuzluk yaratan her şey "kendimizden" parçalardır. İnsan kendisinde görmeye tahammül edemediği bir özelliğe karşı genellikle kördür. Görmenin yaratacağı olası huzursuzluğun bir savunmasıdır bu. Kişi, kendisinde görmeye tahammül edemediği bir özelliğini karşısında ya arar ya da gördüğü anda tetiklenir. Farkında olmadan içinde taşıdığı, yüzleşemediği ve bastırdığı kendisiyle ilgili başarısızlık, beceriksizlik, çirkinlik, cinsel kimlik gibi hoşnutsuzlukları karşıda gördüğü anda çok olumsuz tepkiler verebilir. Kendine körlük, ötekine aşırı odaklanmayla sonuçlanabilir. Burada, "yolcu" kavramının öneminin altını çizmeliyiz.

Hepimiz bir yoldan geliyoruz ve bırakın yolun başlangıcını veya bir önceki istasyonu, çoğu insan kendi yolculuğunun neredeyse hiçbir durağını hatırlamıyor. Nereden geldi, hangi istasyonlardan ve yollardan geçti? Pek çoğu kendiyle ilgili bu fikre sahip olmaktan çok uzakta. Karşınızdaki insana, yolculuğuyla ilgili ne hatırladığını sorun. Hatırlayamadığı için size bilgi veremeyecektir.

Sosyal medyada sıklıkla yargılayıcı ve sert eleştirilerin paylaşıldığına tanık oluruz. Aslında insanların ötekine karşı hoyratça davranışlarına şahit olduğumuzda, kendilerine karşı ne kadar yargılayıcı ve sert olduklarını da rahatlıkla öngörebiliriz. Oysa karşıdakinin bambaşka bir yoldan geldiğini hesaba katmak, onun da kendine has bir yolculuğu, zaafları, hırsları, öfkesi, korkuları, sıkıntıları olduğunu anımsamak gerekir. O yüzden bu "sahnelenen olayı" fark etmek ve kendi duygularımızı tetikliyorsa bunun aslında en çok bizimle ilgili olduğunu görmek kişisel gelişimimiz açısından çok değerlidir.

Sürekli olarak kendimiz zannettiğimiz başka şeylere dönüşüyoruz. Bazen yargılayıcı, karar veren, hâkim moda bürünürken bazen de boyun eğen oluyoruz. Rollerimiz sürekli değişiyor ve bir şeylerle özdeşim kuruyoruz. Dolayısıyla "Gerçek ben kim?" sorusu genel olarak yanıtsız kalıyor. Gerçek "ben"i anlama çabasında olmadığınızda kendiniz gibi değil, size miras kalan birçok kendilik parçalarını "ben"miş gibi yaşarsınız. Bu olguyu "sahte kendilik" diye nitelendiririz. Ama şunu unutmayın: Sistemle, doğayla, bir bütünle uyumlu olmayan, bütünün parçalarından kopmuş ve bütünün iyiliğiyle, güzelliğiyle, şefkat ve sevgi dolu taraflarıyla ters düşen, zıtlaşan parça "gerçek ben" parçasından uzaklaşmıştır. "Ben" dediğimiz çoğu ben parçaları aslında bize miras kalmıştır ya da onlarla özdeşim kurmuşuzdur. Kendimizi tanımlarken bu illüzyonlar çarpıcı bir şekilde kendini gösterir. Bazı konular hakkında konuşurken, yargılarken, bir duruma yorum yaparken biz aslında bir rolü canlandırıyoruzdur. İnsan asla bunun farkında olmaz. Yargılayıcı parçalarımız da böyledir. Karşımızdaki bir insanı –bu çocuğumuz, eşimiz, annemiz ya da kuyrukta beklerken önümüzde duran biri olabilir– ciddi anlamda yargılayıp, daha sert bir tutum içine girerek aşağılayıp, utandırırsak içimizdeki işgal edici ve yargılayıcı parçalar hem kendi yolculuğumuza yabancı olduğumuzu hem de karşımızdakinin hangi sistemden, nasıl bir yerden geldiğini hiç hesaba katmadığımızı gösterir. Bizim bugün gördüğümüz "ben"ler zorlu bir yolculuğun ürünüdür.

Hiçbirimizin yolculuğu kolay değildir. Zorlu yolculuklarla, sıklıkla kendimize yabancılaşarak baş etmeye çalışırız. Şimdi biraz düşünün bakalım: Siz gerçekte kimsiniz?

Pınar Hanım 34 yaşındaydı, bir inşaat firmasında mimar olarak çalışıyordu. Evliydi ve iki kız çocuğu vardı. Son zamanlarda çok öfkeliydi ve tahammülsüzlüğü nedeniyle başvurmuştu. Öfkesinin merkezinde özellikle ortak çalışma yürüttüğü arkadaşı vardı. Ağırlıklı olarak erkeklerden oluşan bu çalışma ortamında Pınar Hanım'la birlikte sadece iki kadın vardı. Erkeklerle çalışmanın çok daha kolay olduğunu, bu arkadaşının çok fazla kişisel bakım odaklı olduğunu, sık kuaföre gittiğini, makyajını abarttığını ve bu durumlardan çok rahatsız olduğunu dile getirmişti. Durumu biraz daha konuştuğumuzda arkadaşının işlerini aksatmadığını, aksine oldukça başarılı, görev ve sorumluluklarına karşı duyarlı olduğunu öğrenmiştim. Peki neydi bu kadar rahatsızlık veren? Pınar Hanım kapıdan içeriye ilk adımlarını attığında fark ettiğim en önemli ayrıntı, erkeksi kıyafetleri, ince ses tonuna karşın eril bir üslupla konuşma tarzı olmuştu. Çok geçmeden erkek çocuk bekleyen ebeveynlerine inat bir kız çocuğu olarak dünyaya geldiğini öğrenmiştim. Çocukluğunda babası tarafından sevgiye dair en çok duyduğu sözlerden biri "Benim kızım erkek gibi maşallah," idi. Böyle söyleyen ve ardından şefkatle sarılan bir baba ile büyümüştü. Pınar Hanım korkularını belli etmeyen, erkek çocuklarla oynayan, en sevdiği spor dalı futbol olan bir kız çocuğu olmuştu. Doğduğu bu ortamda erkeksi olmak sevgiyi almayı kolaylaştıran bir faktördü. Kız olarak doğarak ebeveynlerini yeterince hayal kırıklığına uğratmıştı. İkinci bir hayal kırıklığı yaratmamak adına dönüştüğü bu hal acaba gerçek kendisi miydi? Pınar Hanım tekrarlayan görüşmelerde kadınlığına kısmen yakınlaşmayı başarmıştı, özellikle şefkatli, kapsayıcı, anaç özelliklerinin günden güne artışıyla ilgili verdiği geribildirimler dikkat çekiciydi. Hem işyerindeki arkadaşıyla hem de kızlarıyla ilişkileri büyük oranda dönüşmeye başlamıştı. Kendi kadınlığına yakınlaşması, içindeki kız çocuğunun yeniden doğmasına fırsat verecekti belki. Görüşmelerde, koşullu sevilmiş o kız çocuğu için çok kez gözyaşı döktü, zaman zaman ebeveynlerine yoğun öfke duydu ama artık herkesin bir yolcu olduğunu anlamaya başlamıştı. Pınar Hanım "olmasının yasaklandığı" kadınsılığı çağrıştıran her figürle çatışmayı azaltmıştı artık. Böyle durumlarda içinden geçen yargılayıcı, eleştirel hatta zaman zaman aşağılayıcı sesi yine duyuyordu ama artık bu sesi eskisi kadar sahiplenmediğini fark etmişti. Bu sesler her aklından geçtiğinde, kendisine şunu soracaktı: "Ötekine mi yoksa ertelediğim kadınlığıma mı öfkeliyim, peki bu öfkenin ne kadarı bana ait?" Artık öfkesine yenik düşmüyor hatta bu hissin yoğunlaşmaya başladığı bazı anlarda gülümseyebiliyordu...

"Değerinin farkında olmaycn,
değersizleştirir..."

İnsandan İnsana En Çok Duygu Bulaşır...

Kurumsal bir firmada üst düzey yöneticilik yapan Kerem Bey bacak bacak üstüne atmış muayene odamın tüm detaylarını incelerken, biraz alaycı bir ifade ile, "Burası biraz küçük değil mi doktor? Bizim projesini çizdiğimiz ofislerden birine taşıyalım sizi," dedi. Ardından kısa bir kahkaha eşliğinde ekledi: "Ayrıca size bir espresso makinesi hediye edeceğim. Az önce bekleme odasında asistanınızdan espresso istedim ama makineniz olmadığı için filtre kahveye razı olmak zorunda kaldım." Karşımda özel, ayrıcalıklı hissetmek isteyen ve bu hissi yaşayabilmek için eksikliğimi arayan bir kişi vardı. Bana Doktor Bey, Deniz Bey değil, "doktor" olarak seslenmesi önemli bir ayrıntıydı. Yardım arayışında olan bir insandan daha çok her yönüyle eksiksiz ve bu "tamlığı" görmemizi isteyen biri izlenimi bırakmak istiyordu sanki. Duygu anlamında tetikleyici bu söylemler karşısında nötr kalmayı başardım. Hafif bir gülümsemeyle dinledim anlattıklarını ve kendisine nasıl yardımcı olabileceğime dair bir soru sordum. "Çok profesöre gittim, kimse iyileştiremedi beni. Umudum kalmamıştı artık. Yakın çevremden isminizi çok duydum, en son TV kanalında sizi görünce muayeneye gelmeye karar verdim, ama bana bu doktor nasıl yardımcı olabilir diye de düşünmedim değil, açıkçası psikiyatristlere çok güvenmem ben. Çoğu ilaç ver geç derdindeler ama sizin gittiğiniz yol farklı gibi duruyor, zihninizin herkes gibi çalışmadığı kesin, hastalığım konusunda bilginiz var mı emin değilim ama vitamin, mineral vücudumun ne eksiği varsa onu verebilirsiniz," dedi.

Kerem Bey tıpkı benim odamda yapmak istediği değişiklikler gibi, yıllardır kendi bedeni üzerinde de işin ucu tekrarlayan cerrahi müdahalelere ulaşacak düzeyde takıntıları olmuştu. Beden disformik bozukluğu dediğimiz rahatsızlıkta birey fiziki bir problemi olmaksızın bedenin bir bölümü (yüzü, burnu, çenesi, meme dokusu...) ya da tamamı hakkında kusurlu, çirkin, eksik hisseder. Kerem Bey bu durumun bedensel olduğundan, psikolojiyle ilişkili olmadığından neredeyse emindi. Psikolojik destek arayışı kendi motivasyonundan daha çok cerrahlarının operasyon öncesi yönlendirmeleriyle gerçekleşmişti. Öyle ki gittiği psikiyatri hekimlerinin ilaç tedavilerini reddetmiş, terapi desteği de almamıştı. Bedeniyle ilgili algısal bozukluğu gerçekle olan bağını da olumsuz etkilemişti, oysa böyle bir durumda, ilaç tedavisi ile birlikte psikoterapiden oldukça fayda görebilirdi. Öyküsüne dair verdiği anekdotlar nedeniyle bu teklifi o an için yapmayı dahi düşünmedim. Minicik bir dokunuşumla kanayacaktı ve kaçacaktı. Söylemlerimde, tavırlarımda bir güvensizlik, eksiklik, çelişki arar gibiydi. Onu bulduğu anda problemli, eksik, yetersiz olan ben olacaktım ve hızla ortamı terk edecekti, her zamanki gibi. Ya da beni provoke edecek ve ben onu terk edecektim. Bildiği, aşina olduğu ilişki biçimini otomatik olarak sergiliyordu.

Narsisistik bir kişilik yapılanmasının arka planında çok ciddi anlamda değersizlik hissi barınmaktadır. Kabarmış bir egoyla maskelenmiş değersiz bir ben tasarımı.

Narsisizm için etrafındaki değersizlik ve yetersizlik hava gibi, su gibidir. Değersizlik duygusu ötekine ne kadar bulaşırsa o kadar iyi hissederler.

Bu duygu sıcak bir yumurtaya benzer, elinizde uzun süre tutamazsınız ve uygun birine verirseniz sizin acınız hafifler.

Başlangıçta kibirli, narsisistik bu yapının bende bıraktığı iticilik hissi, görüşmenin ilerleyen dakikalarında hüzne bırakmıştı yerini. Her yardım elini tehdit algılayan bu adama nasıl dokunacaktım? Kerem Bey'in bu haliyle kısacık vakit geçiren bir kişinin değersizlik, yetersizlik hissetmemesi neredeyse imkânsızdı. Yüzeye çıkmasına tahammülünün olmadığı bu duyguları otomatik bir şekilde ilişkide olduğu insanlara enjekte ediyordu. Derinlerde taşıdığı değersizlik o kadar yoğundu ki dönüştüğü bu hal, ortamdaki değerli olabilecek her şeyi bir girdap gibi içine çekiyordu. Değer alabilmek için ötekinin değerliliği yerle bir mi olmalıydı?

Kerem Bey'e kan, idrar, tükürük testleri ışığında fizyolojik bir değerlendirme yapacağımızı ve ardından eksikleri yerine koyacağımızı söylediğimde, kapıdan içeri girdiği andan itibaren ilk kez yüzünde memnuniyet hissine dair bir kırıntıya tanık olmuştum. Kerem Bey tetkiklerini yaptırdı, bir süre takviyelerini kullanıp beslenmesine dikkat etti. En uzun süre (birkaç seans) ilişkide kaldığı hekim de ben olmuştum, kısmen fayda da görmüştü ama görüşmelere devam etmedi. Kerem Bey'in tekrarlayan döngülerine eklediği halkalardan biri de ben olmuştum böylece.

Değersizlik hissi ile baş edilmediğinde savunma olarak kabarmış, şişirilmiş bir "ben" ortaya çıkar. Kerem Bey'in meselesi gerçekten odamı küçük bulmuş olması mıydı? Yoksa küçük olan ben miydim? İdealize ettiği, gözünde büyüttüğü beni, beklediğinden küçük mü bulmuştu? Birçok duygu ve his karşımıza olduğu gibi değil, maskeli bir şekilde gelir. Yok saymalar, önemsizleştirmeler, değersizleştirmeler gerçek duygunun arkasına sığındığı birer kalkan olarak kullanılırlar.

Karşısında kendimizi en değersiz, en yetersiz hissettiğimiz bu hissi dizginlemek için zaman zaman hayranlık duyduğumuz insanlar büyük olasılıkla bu gruptan olabilirler. Bazı kişilik patolojilerinde kişi sizi bir anda göklere çıkarabilir, çok geçmeden aşağılayıcı da davranabilir. Siz kendinizi dünyanın en güzeli, en zekisi, en iyi sanatçısı, en işe yaramazı, en yeteneksizi, en bilgisizi gibi hissederken bulabilirsiniz. Bu duyguların kolay bulaştığı insanlar daha kolay yönetilir, manipüle edilir, dış dünyadan çok daha fazla etkilenirler. Kendini bilmeyen, ötekinin belirleyeceği stabil olmayan konumlar arasında, oradan oraya savrulur. Kendini bilmeyen her gördüğü aynaya kanar.

Bedenimizle, fiziğimizle, işimizle, kazancımızla, başarımızla, becerimizle, yolculuğumuzla ilgili söylenen aşırı eleştirel ya da abartılmış övgü dolu sözcükler hemen hiçbir zaman gerçeği yansıtmazlar. Ne olduğumuzu anlayabilirsek, olumlu ya da olumsuz bize ait olmayan yüklerden (duygu, düşünce) kurtulmak ancak o zaman mümkün olur...

"Hayranlık duyulandan nefret edilmesi an meselesidir. Her iki hissin de köklerinde kendine ait 'yetersizlik, değersizlik' algıları yatar. Bireylerde, ötekini aşırı idealize etme (önem atfetme) ve değersizleştirme döngüleri psikolojik destek gerektiren önemli habercilerdir."

Hayranlıkla Nefret Arasındaki O İnce Çizgi

Hayranlık, bir kişide olan bir özelliği abartma, ona ve o özelliğine çok anlam yükleme, bir anlamda psikolojide yer alan önemli ifadelerden biri olan idealizasyona karşılık gelir. İdealize etme ise karşıdaki kişide ya olmayan bir özelliğin var edilmesi ya da var olanın abartılması, ona aşırı anlam yüklenmesidir.

Bir özelliğin aşırı idealize edilmesine çocukluk dönemimizde rastlayabiliriz. Ebeveynlerimize çok anlam yükleyebiliriz; mesela babamızı dünyanın en güçlü adamı, annemizi dünyanın en şefkatli insanı zannedebiliriz. Bu durum âşık olduğumuzda da ortaya çıkar. İdealizasyon yapar, karşımızdakine olduğundan fazla anlam yükleriz. Burada genelde bizde olmayan bir şeyi sahipleniriz aslında. Belki ulaşmayı istediğimiz ve bizde olmayan bir özelliğin karşılığını ötekinde görüp o özelliği abartırız. Bir anlamda hayranlık duyulanla "özdeşim" kurarız. Bu, değersiz hissettiğimiz bir parçamızın gözüyle bakmak gibidir, bu göz aşağıdan bakar ve karşımızdakinin özelliklerini abartır yani idealize eder. İşte kendi içimizdeki değersiz parçalarla yüzleşmediğimiz zaman, bu anlamları ya hayranlıkla ya da değersizleştirme ile ötekine yükleriz. Fakat yaklaşıp işin içine girdikçe o yüklediğimiz anlamları aslında bizim var ettiğimizi, o özellikleri karşıya bizim eklediğimizi görürüz. Bu duygu ve düşüncelerle aslında olmayan ya da minimal olan şeyleri abartanın kendimiz olduğunu anlarız. İşte bu durum, her türlü ilişkimizde ciddi düzeyde bir hayal kırıklığı yaratır. Bu, işyerindeki patronumuz da olabilir, bir arkadaşımız, dostumuz, sevdiğimiz de olabilir, bir sanatçı, bir doktor da olabilir. Yakınlaşıp gerçekleri gördükçe karşıya yüklenen anlamın gerçekte orada olmadığının farkına varırız.

Örneğin, ikili ilişkilerde bir kadın bir erkek için, "Tıpkı babam gibi, onun benzer özelliklerini taşıyor," diyebilir. "Bana kol kanat geriyor," veya "Yanında güvende hissediyorum, onunlayken prenses gibi hissediyorum," biçiminde düşünebilir. İlk görüşte bu hislerin çoğunu çok hızlı bir şekilde yaşayabiliriz çünkü ihtiyacımız olanları karşıya yüklemişizdir. İlişki derinleşmeye başladığında da bu özelliklerin aslında var olmadığı gerçeğiyle yüzleşmemiz ise an meselesidir. Hayranlıkla nefret arasındaki o ince çizginin temelleri, ilişkinin başlangıcındaki duygusal körlükle atılmıştır.

Fanatiği olduğu takıma kaybettiği maç sonrası öfke kusan bir taraftar, hayranı olduğu sanatçıdan beklediğini alamadığı için fiziksel şiddete başvuran seyirci bu durumun çarpıcı örnekleridir.

İçeride hissedilen derin boşluğun, büyük bir eksikliğin dış dünyadaki abartılmış sembollerle giderilmesi mümkün değildir.

Turgut 49 yaşında, 23 yıllık doktordu. Yoğun anksiyete şikâyetleriyle başvurmuştu. Eskiden bu nedensiz kaygı hissiyle baş edebildiğinden ama son bir yıldır bu şikâyetlerinin oldukça arttığından söz etmişti. Son tetikleyicinin ne olduğunu sorguladığımda kendisini geliştirmek için tıp alanında bir eğitime başvurduğunu, bu eğitimde kendisini hayattaki en değersiz, en bilgisiz doktor gibi hissettiğini, eğitimde söz almaya bile çekindiğini, eğitim esnasında kalp atım sayısının çok arttığını öğrenmiştim. Eğitimcinin bilgisine hayranlık duyduğunu ama bir o kadar da kendisinden çekindiğini, hatta korktuğunu dile getirmişti. Turgut dört kardeşin ikincisiydi. Ev hanımı annesinin gözdesi, biricik oğluydu. Babasıyla daha mesafeli bir ilişkisi vardı. Babası doktor olmak istemiş ama yolculuğu daha farklı seyretmiş ve okul müdürü olmuştu. Babasının sert, eleştirel, otoriter, duygulara uzak bir yapısı vardı. "Ne zaman babamla iletişim kursam eksik ve yetersiz hissederdim, onu çok güçlü, yenilmez olarak görürdüm, fırsat verilse okulu değil dünyayı yönetebilir gibi hissederdim." Bunlar, Turgut'un babasıyla ilgili hislerini yansıtan önemli sözleriydi. Sanki bir şekilde babasının karşısında hissettiği bu hisleri yeniden deneyimleyeceği ortamları tekrar tekrar inşa ediyordu. Birlikte çalıştığı başhekimler, eğitim aldığı insanlar, hatta eski sevgilileri hem hayranlık duyduğu hem de yanındayken çekindiği, zaman zaman aşağılık hissettiği insanlardan oluşuyordu.

Turgut'un birçok ilişkisi hayranlıkla başlamış nefretle son bulmuştu. Bu döngülerden sıyrılması için özellikle babayla ve diğer taraftan anneyle kurduğu ilişkisine yakınlaşması çok önemliydi. Tekrarlayan görüşmelerde içinde yüzdüğü duygu havuzuna yakınlaşmayı başarmıştı. Neden orada olduğunun ilk kez farkına varmaya başlamıştı. Parmak sallayan, hükmeden, duygulara uzak, eleştirel, değersizleştiren narsisistik yapılanmaların kökenindeki aşırı yetersizlik ve değersizliği de anlamaya başlamıştı. Turgut şunu görebilmişti artık; bu yolda kalırsa ya bu yapılara boyun eğecek ve görünmeye çalışan çocuk olacak ya da bu yapının bizzat kendisine dönüşecekti. Elbette bu yolculuk kolay olmayacaktı, insanın bildiği en zorlu yollar hiç bilmediği en kolay yollardan daha çekicidir. Turgut başlangıçta zorlansa da eğitimi bıraktı. Babasını sembolize eden abartılı anlam yüklediği birçok insana, kuruma bakışı değişmeye başlamıştı. Eşiyle, yakın ilişkide olduğu insanlarla biraz çatışmalar yaşasa da iletişimleri dengelenmişti. Etrafındaki narsisistik yapılanmalar yavaş yavaş ayıklanıyordu. Üzerine hiç konuşmadığımız anksiyetesi biraz D vitamini, magnezyum ve farkındalık ile haftalar içinde yüzde 70 oranında azalmıştı. (Bu konuyu psikolojik anlamda biraz daha ayrıntılı incelemek isteyenler Kohut'un ikincil aynalanma hakkındaki yazılarına göz atabilirler.)

Üçüncü Bölüm

BENİM GÜZEL ÇOCUKLUĞUM

"Yavrumuz bizi hiç üzmedi, diyerek büyütülen uslu bir çocuğun hüznüne şahit oldunuz mu hiç?"

Uslu Çocuğun Dramı

Uslu çocuğun dramı mı? Uslu çocuk ne demek? Şikâyet etmeyen, talepkâr olmayan; kısacası problem yaratmayan, ebeveynlerinin konforunu bozmama konusunda çaba harcayan çocuk diyebilir miyiz? Uslu çocukların duygularını görünür bir şekilde yaşadığına pek şahit olmayız. Çocuk ağlar, coşar, sevinir, üzülür, öfkelenir ve hepsinden de önemlisi duygusal, fiziksel anlamda bakım verenlerine ihtiyaç duyabilir. Öz ihtiyaçları fark edip dile getirebilmek önemli bir yetidir. Bu yetinin oluşabilmesi ve gelişebilmesi için bebeklikten itibaren ihtiyaçların doğru tespiti ve bunların giderilmesi elzemdir. Bakım verenlerini üzmediği, uslu olduğu için övgüyle büyütülen çocuklar; sevgiyi, yakınlığı alabilmek için aslında olmadıkları bu kimliğe bürünürler. Uslu çocuk ya ihtiyaçlarına yabancı ya da bu ihtiyaçlarını dile getirme konusunda çekimserdir. En kötü senaryo ise ihtiyaçlarının karşılanacağına dair umudunu yitirmiş olmaktır muhtemelen.

"Maşallah bizim çocuk çok başarılı, çok efendi, çok hanım hanımcık, çok uslu. Allah yolunu açık etsin..." Bu övgü dolu söylemlerin hepsi aslında birer beklentidir. Yani bundan sonrasında sevilmemiz, kabul görmemiz, değerli hissedebilmemiz için yapmamız gerekenlerin yol haritası, dışarısı tarafından mesaj olarak verilmiş olur. Uslu çocukların yetişkinlik döneminde de problem çıkarmayan, ilişkilerinde "yeter ki sorun çıkmasın" duygusunda olan, ihtiyaçlarını dile getirmeyen, öteki odaklı bireylere dönüşmesi olasıdır. Diğer yandan varlığı, duyguları, istekleri, ihtiyaçları fark edilmeyen, hesaba katılmayan, sorulara "fark etmez" yanıtı veren yetişkin bireylerin; içindeki uyumlu olma derdinde olan uslu çocuğu, mercek altına almaları gerekebilir.

Peki, gelin tam aksi istikamette bir yöne bakalım: Yaramaz çocuk. Uslu çocuk ile muhtemelen benzer öykülere sahip olabilirler ama savunma düzenekleri farklı çalışmaktadır.

Ne zaman, "Gör beni," diye çırpınan, bağıran, gürültü çıkaran, fark edilmek, dikkatleri üzerine çekmek için her yolu hak sayan birini görsem küçük masum bir çocuk canlanır zihnimde; duyulmamış, fark edilmemiş, yok sayılmış, ihmal edilmiş...

Yaramaz çocuk görülmek, fark edilmek isteyen çocuktur. Psikolojide ölü anneyi canlandırmak diye bir metafor vardır.

Bu metafor bize duygusal olarak orada olmayan bakım verenin, varlığının hissedilebileceği bir konuma taşınmasını anlatır. Annede öfke uyandırmak buna en iyi örneklerden biridir. Anne kızsa, bağırsa, ağlasa bile bu, hiç olmamasından çok daha iyi bir seçenektir çocuk için. Uslu çocuğun susarak aldığı duyguyu diğeri yaramazlıkla almaya çalışır. Ana amaç bellidir; ölü anneyi canlandırmak... İkisi arasındaki en önemli fark, birinde yardım çığlığının duyulması daha olasıdır. Yıllarca çocuklarının hiperaktivite tanısıyla yardım arayan birçok aile ile karşılaştım. *Şunu aklımızdan çıkarmayalım,* çocuk ailenin semptomudur. Yani hasta olan çocuk değil sistemdir. Tek başına çocuğu iyileştirmeye çalışmak, bütünsel bakışın oldukça uzağında beyhude bir çabadır. Binlerce danışan takip etmiş bir klinisyen olarak tiroidinde problem olan bir insanın en çok üzerinde durduğum organları bağırsakları, karaciğeri ve elbette psikolojik durumudur. Yardım çığlığını atan gerçek hasta olmayabilir. Sistemsel bir yardım arayışını dile getiren değil, getirdiği mesajdır asıl önemli olan. Bu durum, arabanın arıza lambasını söndürüp arızayı gidermeden yola devam etmeye benzer.

Her ne kadar yetişkin olsak da uslu, hırçın, yaramaz, hazzını erteleyemeyen çocuk parçalarımız içeride varlığını sürdürmektedir. Hatta bilinç sınırları içerisinde hiç ortada görünmeyen bu parçalar birçok seçimde varlığını hissettirmektedir.

Uslu çocuk ailenin semptomudur. Yani hasta olan çocuk değil sistemdir. Sadece çocuğu iyileştirmeye çalışmak, bütünsel bakışın oldukça uzağında beyhude bir çabadır.

"Başarı peşinden koşmak, kabul görmek uğruna kendinden vazgeçişin en yaygın örneğidir, koşullu ebeveyn sevgisi bir ömür bırakmaz peşimizi."

Sevilmeyi Hak Edecek Kadar Başarılı Değil miyim?

"Başarı", tanımı kişiye göre değişebilen, son derece sübjektif bir kavramdır. Biraz daha yakından baktığımızda bir kimlik oluşturma çabasının yansıması olduğunu görürüz. Burada en önemli nokta, maddeler dünyasında kimliklerin benliklerimizi esir aldığı gerçeğidir. Erkek, kadın, kapıcı, çöpçü, belediye başkanı, doktor, profesör; bunların hepsi kimlik isimleridir. Kürt, Türk, Arap, Alman hepsi kimliktir. Sistem, kimlikler üzerinden otomatizmalar yaratır ve başarı kavramı da bunlardan bir tanesidir. Kendinizle ilgili birkaç veri, arabanızın markası, mesleğiniz ve oturduğunuz semtle ilgili bir bilgi verdiğiniz zaman çoğu insanın zihninde sizinle ilgili birçok fikir oluşur. Kendisini biraz daha olgun, derinleşmiş hissеden, kendisiyle yolculuğa başlamış insanlar bile kimlikler ve fikirler noktasında önyargılarını yönetmekte zorlanabilir.

Bize bir kimlik söylendiği zaman o kimlikle ilgili düşüncelerimiz zihnimize otomatik olarak gelir. Şöyle bir eve doğduğunuzu hayal edin: Anne babanız doktor olmak istemişler ama işler yolunda gitmediğinden başka alana yönelmişler. Ebeveynlerimizin arzuları, istekleri var. Özellikle kimlikler üzerinden tanımlanmaya, daha değerli hissetmeye ihtiyaçları var. Hepimiz daha değerli hissetmek, sevilmek, ötekinin gözünde anlam kazanmak istiyoruz. Aslında yaşamımızın ilk dönemlerinde ebeveynlerimizden koşulsuz olarak almayı hak ettiğimiz bir değerlilik ihtiyacı bu. Sevilirsek, beğenilirsek, takdir edilirsek, fark edilirsek hayatta kalabileceğimiz dönemlerden bahsediyorum. Çünkü doğada, sürüden dışlanan yavru tehlikelere daha açık hale gelir ve hayatta kalma şansı azalır. Antropolojik pencereden bakıldığında birçok arzunun gerisinde hayatta kalma şansını artırma yatar.

Salt başarılı bir çocuk hep başarı üzerinden fark edilir, dikkat çeker. Çoğunlukla aldığı yüksek bir not, mezuniyet belgesi, yeni bir etikete sahip olma sonrası daha çok sevildiğini hissedebilir. Bu his, bireyin yaşamı boyunca devam edecek bir dram haline gelir, çünkü başarılı olma halinin yaratacağı iyi hissetme süresi oldukça kısadır. Bu yüzden bu hissi tekrar tekrar yaşamaya zorlar insanı.

Başarı kavramı hem içinde bulunduğumuz bu toplumda hem de dünyanın birçok yerinde çok ön plana çıkarılan bir kavramdır. Sosyal medyada karşımıza çıkan, "Çok şükür emeklerimin karşılığını aldım profesör oldum," türünden paylaşımlar hayli anlamlandırılır ve insanlar tarafından da rağbet görür. Çünkü içeride taşınan yetersizlik ve başarısızlık hisleri, dışarıdaki her zafer söylemini kutsamaya, abartmaya, övmeye yatkınlığı artıracaktır.

Ülkemizde popüler olmuş nasihat veren yazarlara, tarihçilere, psikologlara sıkça denk gelirsiniz. "Başarılı olmak için..." diye başlayıp "şunu şöyle yapın"a kadar uzanan onlarca öğüt sıralanır. Bunlar tipik patolojik ebeveyn yapılanmasının topluma yansımasıdır. Parmak sallayıp, "Bak böyle yapmazsanız başarılı olamazsınız. Buralara gelmek için neler çektiğimi biliyor musunuz?" diye en üst perdeden konuşan bir felsefeci, ekonomist, bilim insanı ya da bir yazarın daha çok ilgi gördüğüne hepimiz şahit oluyoruz.

Oysa mesele yine kendimizle, iç dünyamızla ilgilidir. Bir insanın sevilmesi, değerli olması, yeterlilik hissi yaşayabilmesi için başkasının gözünden yansıyacaklara muhtaç olması çok yaygın bir durumdur. Bunlar, koşullu sevginin içine sıkıştırılmış minik mutluluk kırıntılarıdır. Aldığınız diplomayı duvara astığınızda haz yolları, -dopaminerjik, serotonerjik sistemler- mutluluk hormonları bir süre devreye girer ve gayet iyi hissedersiniz, ama kısa bir süre sonra bu nörokimyasallar hislerle birlikte kaybolur. Çok iyi bir araba aldığınızda, yeni bir unvan kazandığınızda da iç dünyanızdaki süreçler bu şekilde işler. İnsan psikolojik olarak olgunlaştıkça kendisini her haliyle kabul etmeye başlar, aracı olduğu güzellikleri hiçbir beklenti olmaksızın, hesapsız bir şekilde bütünün hayrına sunar. Gerçek anlamda başarı insanın kendisine yakınlaşma cesareti göstermesidir. Potansiyelini fark eden insan etiketlerin anlamsızlığını, geçiciliğini de idrak edecektir. Hırslardan, rekabetten, hasetten sıyrılamayan insanların dillerine pelesenk olmuş başarı sözcüğüne farklı bir pencereden bakmak, bireysel yolculuğumuza, çocukluğumuza, ebeveynlerimizle ilişki paternlerimize ışık tutacaktır.

Kendini bilmeyenin en büyük maskesi etiketleridir.

"Annenin babanın başına bir felaket gelmesinden korkmak; bilinç düzeyine ulaşmamış ebeveyn öfkesinin maskesi olabilir."

Ana Babaya Öfke

Hayatta, anne ve babanızın başına kötü bir şey gelmesinden daha fazla kaygı duyabileceğiniz pek az durum vardır. Peki neden? Hemen bir zaman yolculuğuna çıkalım. İnsan yavrusu yeteri kadar gelişmemiş olarak doğar. Beyni, bedeni henüz hayatta kalmasını sağlayacak hale gelmemiştir. Bakım vereni beslerse, severse, korursa varlığını sürdürebilir.

Henüz bakıma muhtaç ve dış dünyayı yeni yeni algılamaya başlamış bir bebeğin "bakım verenim varsa var olurum, o yoksa aç kalırım, kendimi koruyamam, hayatta kalamam" kodları oldukça akla uygun geliyor. Peki ya 45 yaşında, 20 yıldır özel bir şirkette pazarlama müdürü olarak çalışan Mustafa Bey'in 82 yaşındaki kalp yetmezliği olan annesini kaybetmekten aşırı korkması, gün boyu annesini kontrol etmesi, annesinin kalbinin birkaç kez alarm vermesi sonrası on gün içerisinde altı kez panik atak geçirmesi normal mi?

Mustafa Bey, evin ikinci oğlu ve dört kardeşin en küçüğüydü. Annenin gözdesi büyük abiydi. Baba inşaat işleri nedeniyle neredeyse hiç eve uğramıyor, evin babalık rolü 11 yaş büyük abi tarafından yürütülüyordu. Mustafa beklenmeyen, hatta aldırılması düşünülmüş bir bebek olarak dünyaya adımını atmıştı. Muayene odasında sandalyenin ucuna oturuşu, kendisini sevdirmeye çalışan aşırı sempatik tavırları, süresini aşacak mı acaba tedirginliği masanın bu tarafından rahatlıkla hissedilmişti. Yaşam ona, yük olmaktan kaçınan, fazlalık hisseden, sevilmeye değer olduğunu kanıtlamaya çalışan bir rol vermişti. Babasının eve pek uğramıyor oluşuyla anne baş edemiyordu. Annesinin geçirdiği bayılma ataklarına baba bir süre evde kalarak yanıt vermişti. Annenin bu kendini kaybettiği hastalığı bir süreliğine aileyi bir arada tutmayı başarsa da küçük Mustafa'yı oldukça olumsuz etkiliyordu. Her bayılma atağında annesinin öleceği, ansızın kendisini terk edeceği korkusu giderek büyüyordu. Mustafa annesinin, çocukları için bu duruma katlandığını, aksi halde boşanacağını anlattığı fedakârlık öyküleriyle büyümüştü. Mustafa annesini bu hayattan çekip kurtarma ve ona borcunu fazlasıyla geri ödeme motivasyonuyla büyüyordu. Derslerinde oldukça başarılıydı. Abisinin ve ablalarının aksine okuldaki durumu gayet iyiydi.

Mustafa'nın çocukluğu ve gençlik yılları kaygı bozukluğu ile geçmişti. Sanki her an bir fırtına onu alıp götürecekti, tutunduğu dal kopuverecekti, bindiği uçak düşecekti, amansız bir hastalığa yenilecekti... En güzel olaylarda bile acaba kötü bir şey olabilir mi düşüncesi üzerine kâbus gibi çöküyordu. Bu, doğmaya hazırlanan bir bebeğin aldırılması korkusu gibi bir korkuydu belki de. Mustafa doğuma hazırdı belli ki ama doğduğu yer ona pek hazır değildi. Aldırılmaktan vazgeçilmiş bir çocuğun minneti gibiydi kendini sevdiren tavırları. Hayata bağlandığı tek kaynak, babanın yokluğuyla baş edemeyen, sürekli bayılan, düzenli olarak acillere taşınan, abisine düşkün annesiydi. Mustafa'nın bunlarla yüzleşmesi kolay olmamıştı. Annesinin kurban olarak sevdiği Mustafa bu evdeki kurban olmuştu. Son on yıldır annesiyle yaşıyor, anksiyete bozukluğu ile boğuşuyor, yuva kurabileceği ilişki adaylarını çeşitli bahanelerle sisteminden çıkarıyordu.

Mustafa annesini kaybetme korkusuyla, annesine olan öfkesi arasındaki bağlantıyı kurduğunda 23. görüşmeyi gerçekleştiriyorduk. Birçok ilaç tedavisi, vitaminler, mineraller, bağırsak terapileri, karaciğer detoksifikasyonları, kas geliştirme çalışmaları, hormonal destekler bu farkındalığı sağlayamamıştı maalesef. Elbette vitamin ve mineralleri düzenlenecekti, beslenmeye olan dikkat biraz daha artırılacaktı, ama artık gerçeklere yakınlaşma zamanı geldiği için karşıma çıkmıştı. Görüşmelerde başlangıçta anneye öfkelendi, bir süre sonra ona üzüldü ve ardından onu affetti. Bu kuru bir affediş değildi; bunu hissettiğini aktardığı görüşme sonrasında annesini ölmüş gibi düşündüğünü, onu artık bir başka şekilde sevdiğini paylaşmıştı ve plansız uzattığı sakalının bir yas reaksiyonu olabileceğini konuşmuştuk. Annesi bedenen hayattaydı ama Mustafa ona yüklediği ve ondan aldığı parçaları yerli yerine oturtmaya başladığında anneyi kaybetmenin acısını derinlerde yaşamıştı. Farkındalığı arttıkça içindeki masum çocuğa çok üzülmüştü ama asıl önemli olan onu sevmişti. O çocuğu hiç bırakmayacağını, her zaman yanında olacağını yüksek sesle dile getirmişti. Aylar içerisinde Mustafa'nın 100 şiddetinde tariflediği anksiyete şiddeti 15-20 düzeylerine gerilemişti.

Peki onca ilaca, tedaviye yanıt vermeyen bu yoğun kaygı atakları nasıl bu kadar gerilemişti? Kaygının ardında sıklıkla kontrolün kaybedileceği korkular yatar. Her şeyi kontrol edebileceğimize, tüm güçlülüğümüze dair inanışlar temelde rol oynayabilir. Diğer bir etkin faktör "kontrolü bırakırsam her şey felaketle sonuçlanabilir" düşüncesidir. Bunlar bir anlamda bilişsel olarak yani düşünüş biçimi üzerinden yaptığımız yorumlardır. Biraz daha derinleşirsek, özellikle Mustafa'nın öyküsünde annesini kaybetme korkusunun damga vurduğu bu kaygı bozukluğu tablosunda anksiyete bize ne anlatıyor? Her anksiyete bozukluğu vakası kişinin yolculuğuna özeldir, hatta her hastalık kişiye özgüdür, hastalık yoktur hasta vardır sözü ile verilmek istenen anafikir her öykünün biricikliğidir.

Burada Mustafa'nın annesinin ölümü ve onu terk ediş düşüncesinin yarattığı dehşet, 45 yaşındaki Mustafa'ya ait değildi. Ne demek bu? Her bir panik atak, çocukluğunda onlarca kez şahit olduğu annesinin bayılma atakları ve ambulans sesleriyle acile kaldırılışı döngüsünü tekrar tekrar deneyimleyişiydi. Yani bir çocuğun kimsesiz kalışının yarattığı korku ve çaresizlik beş yaşında dile gelememişti belki ama 45 yaşında beyin kimyası düzeyinde çığlığını atıvermişti. Duygusal yakınlık alamadığı, bakım göremediği, "fedakâr" annesinin bakımını üstlenen, sosyal hayattan uzaklaşmış yetişkin Mustafa bu ataklarla hem annesini zihninde öldürerek öfke çıkartıyor, hem de sessiz, çaresiz, suskun çocukluğunu büyük gürültüyle yeniden sahneliyordu. Her atak, içindeki çocuğun anneyi öldürme provasıydı. Anksiyete, "anneyi öldürmeden özgürleşemezsin" diyordu. Buradaki ölümden kastedilenin ne demek olduğunu çok iyi anladınız; gerçeklere yakınlaşarak annelik alamadığı bir anneyi fark etmek... Ölüm kadar hatta ölümden daha acı.

Birçok ölü beden zihinsel, duygusal çarpıtılmış anılarla gömülerek, ölümsüzleştiriliyor. Mustafa anneyi öldürdüğünde yeni bir anne ve yeni bir Mustafa daha olduğunu görmeye başlamıştı. Ölmüş anneyi kaybetme korkusu da oldukça azalmıştı.

Özellikle çocuklarda ebeveynlerini kaybetme korkusunun, çocukların iç dünyası hakkında çok önemli mesajlar barındırabileceğini düşünüyorum. Hedef kaygıyı susturmak değil arkasındaki mesajları anlayabilmektir. Yaşadığımız kaygılar, korkular, mutsuzluklar dahası hastalıklar bizi iyileştirmeye gelmiş şifreli dürüst mesajlardır. Bedenine, hücresine, öyküsüne yakınlaşan insanın sadece semptomları gerilemez, dönüşümü de kaçınılmaz olacaktır.

"Yaşamın en büyük sırlarından biri; ebeveynlerin birbirlerine karşı ne hissettiğini, ne hissettirdiğini ve onları bir arada tutan temel motivasyonun ne olduğunu kavramaktır. Çocuğa anne ya da babadan daha çok, aralarındaki ilişki şekil verir..."

Bir Çocuğu Kim Büyütür?

Hepimiz anne rahmine düştük, annenin sağladığı tüm imkânları kullanarak, güvenli, sıcak, doyurucu bu ortamla vedalaşıp zorlu bir yolculuğun başlayacağı dünyaya geldik, bebek olduk. Şu an bu kitabı okuyan her birey bu cesur yolculuğu göze almış kişilerdir. Biz bu evreleri hiç hatırlamıyoruz. Buralar hakkında bilgi sahibi değiliz. Ancak bugün "Ben kimim?" dediğimizde üzerine düşünmemiz ve üzerinde çalışmamız gereken ilk konu, anne babamız ve aralarındaki ilişki modelidir, hatta onların çocukluklarıdır. Onların çocukluklarını, yetiştikleri ortamları, ebeveynleriyle olan ilişkilerini; sonra birbirleriyle kurdukları ilişki modellerinin geçmişten ne kadar parça taşıdığını, bunların bizim bugün kurduğumuz ilişki modellerinde ne kadar izi olduğunu görmeye başladığımızda yaşamımız değişime uğrar.

İnsan kendisini anlamlandırdıkça, içinden çıkan dikenli, pürüzlü, ötekinin canını yakan ya da kendi canını yakmaya meyilli parçaları fark etmeye, nereden geldiğini görmeye başladıkça, içinde bulunduğu benliğe karşı öfke veya suçlayıcılık ile yaklaşmak yerine, kabule geçer. Kendini anlamaya gayret eder, içinde bulunduğu durumun inşasının çok eskilere dayandığını görmeye başlar. O yüzden ebeveynlerin arasındaki ilişki dinamiklerini anlama çabası, kendi yolculuğumuz için çok önemlidir. Ebeveynleri anlamaya, onların nasıl bir ortamda büyüdüklerini öğrenmeye çalışmak onları suçlamak için delil toplamak değildir. Tek hedef vardır; anlamak ve anlamlandırmak, bizi yetiştiren, büyüten anne babayı gerçek anlamda tanımak ve onların çocukluklarına mercek tutmak... Babamızın ebeveyni tarafından nasıl terk edildiğini anlamadan, onun taşıdığı duyguların kaynağını bilmeden, annemizin yoğun anksiyetesinin arkasında gizlenmiş ebeveynini kaybetme korkusunu görmeden –bu korkusunun gerisinde belki de zaten varlığını hissedemediği ebeveyni vardı– kısacası ebeveynimizin yolculuklarına merak duymadan, yakınlaşmadan, onların bu yaşama nasıl adaptasyon sağladıklarını, bizi nasıl yetiştirdiklerini, bize ne akıttıklarını anlayamayız.

Yaşamın erken dönemlerinde ne olduğumuza ya da ne olmadığımıza dair verileri bakım verenlerle kurduğumuz ilişkilerimizden toplarız. Bu topladığımız veriler tabir yerindeyse paramparçadır. İnsan iç sesinin çok sesli olmasının kaynağında bu parçalı yapının varlığı önemli rol oynar. Yaşam boyu ana psikolojik hedef bu parçaların entegrasyonu yani birleşmesi ve siyah ya da beyaz değil grinin tonlarının oluşmasıdır. Bu bağlamda bizler dış dünyayı ağırlıklı olarak ebeveynlerimizin, bakım verenlerimizin filtresinden algılarız. Demek ki farklı insanların aynı olayları bambaşka yorumluyor olması oldukça olası bir durumdur.

Burada dikkatinizi biraz daha farklı bir noktaya çekmek istiyorum. Anne ve baba dediğimizde aklımıza ilk gelene değil de temsil ettiği kök kavrama göz atalım. Annelik ihtiyaçları; sezme ve yeterince karşılamayı, güveni, kapsayıcılığı, sütünü, sıcaklığını paylaşmayı sembolize eder. Doğduğunuz evde anne değil annelik varsa bir yaşam boyu güvende ve doyum içinde hissedişin temellerini sağlam bir şekilde atmış olursunuz. Dengede anaç bir anne ve anaç bir baba dünyaya adımını ilk kez atmış bir bebeğin başına gelebilecek en büyük fırsattır. Anne baba ilişkisinde en önemli ayrıntı bu kısımdır, diyebilirim.

Çocuklara bakım verme konusunda tüm annelik sorumluluğunun anneye verildiği ilişki modellerinde sağlıklı bir ikili ilişkiden söz etmek oldukça zordur. Çünkü sorumluluğun arttığı yerde görevler başlar. Görevlerin çoğaldığı ortamlarda zorunluluklar oluşur ve bakım alan sağ beyin, bakım veren sağ beyinden yani anneden bu duyguyu hisseder ve kaydeder. Bebeğiyle göz teması kuran, altını değiştiren, kokusunu tanıyan, farklı ihtiyaçlara verdiği kendine özgü tepkilerini fark edebilen bir baba, annenin gerçek anlamda yol arkadaşıdır. Bu duruma ancak birbirine gönülden değer veren, olgunlaşma seviyesi iyi düzeyde olan ilişki modellerinde şahit oluruz. Hepimiz sözsüz kayıtlarla doluyuz. Sözde biricik çocukların kayıtlarının değersizlikle dolu olduğunu yıllarca gözlemledim. Sözde prenseslerin sözsüz kayıtlarında Külkedisi olduğunu defalarca gördüm. İnsanı kronik hasta eden, fark etmesinin oldukça zor olduğu bu tutarsızlık durumudur.

Psikoterapide gerçek anlamda sevilmediğini anlayan bir birey iyileşmeye daha meyillidir. Rollo May, küçükken anneleri tarafından dışlanmış genç kadınlarla yaptığı çalışmada şu çarpıcı gerçekle yüzleştirir bizi; kadınların bir kısmı kaygı sorunu yaşarken bir kısmı yaşamıyordu. Çarpıcı olan kısım kaygı sorunu yaşamayanların çocukken anneleri tarafından sevilmediklerinden emin olmalarıydı. Kaygı yaşayanlarda kaygının kaynağı dışlanmış ve sevilmemiş oluşun kabullenilememesiydi. (Bu değerli tespiti psikoterapist Nusret Özüş'ün bir paylaşımıyla fark etmiştim. Katkısından dolayı teşekkür ediyorum.) Sözde ve özde sevginin tutarlı olduğu ilişki modelinde çocuk iyi ve kötüden ziyade "gerçekliğe" maruz kalır. Tutarlı bir gerçeklik, çocuğun psikolojik dayanıklılığının inşasında oldukça kıymetlidir.

Çevrenizdeki çok az insanın gerçeği duymaya hazır olduğunu iddia edebilirim. Gerçeklik yıkıcı bir etkiye sahiptir, yeniden yapılanma için gereklidir. Benlik yani insanın ben diye tanımladığı tasarım, sıklıkla kronik bir yabancılaşmanın son ürünüdür. Ben dediğimiz, bulunduğumuz ortamda varlığımızı sürdürmek adına adaptasyona uğramış son halimizdir. Psikoterapist, semptomlardan daha çok dönüştüğünüz bu hale ve ilişki kurma biçiminize odaklandığında gerçeklere doğru bir yelken açılmış olur.

Kendisini arayan insan yetişmiş olduğu ortamı, anne babayı, onların arzularını ve ilişkilerini yakından tanıma konusunda oldukça çaba harcar. Kendine gelemeyen, ötekine gidemez...

"An ve hatta gelecek, geçmişin ürünüdür.
Döngüleri anlamadan, anlamlandırmadan,
fark etmeden yaşıyorsanız geçmiş olsun...
Çünkü 'geçmiş' asla geçmez."

Geçmiş Asla Geçmez

Geçmiş asla geçmez. Yaşamın şifrelerini barındıran çok önemli bir sözdür bu. Bugün yaşadıklarımız aslında bugünle ilgili değildir. Düşünün ki tarlaya bir tohum atıyoruz. Ürünü hemen görür müyüz? Belki seneye bile göremeyiz. Örneğin zeytin bir yıl ürün verip bir yıl vermeyebilir, değil mi? Daha da akılda kalacak bir örnek vermek istiyorum. Her gün sulanan, bakım verilen bir bambu ağacı ilk 5 yıl toprağın içinde gömülüdür. İlginç olan ise 5 yıldan sonra sadece 6 hafta içinde 27 metre boylarına ulaşmasıdır. Dokunduğumuz ya da emek harcadığımız bir şeyin ürüne dönüşmesi çok zaman alır. Bu nedenle başlangıcını pek hatırlamayız. Bambunun ilk 5 yılını bilmeyenler günde 90 cm büyüdüğünü düşünebilirler. İnsana uyarlayacak olursak bambunun da ilk 5 yılı hakkında hiçbir fikri olmayabilir.

İşte bu işleyişin tam da içeride olduğunu düşünün; tohumların hiç hatırlamadığımız bir dönemde atıldığını.

Kendi tohumlarına, nasıl yetiştiğine dair hiçbir fikri olmayan ebeveynlerimizin ektiği tohumlar, en derinlerimizde duruyorlar.

Beynin çalışma sisteminde de *geçmiş asla geçmez.* Şimdi size elinize kalem kâğıt alıp son bir haftanızı, yediğinizi, içtiğinizi, gittiğiniz yerleri, hissettiklerinizi yazın desem ancak kabataslak yazabilirsiniz. Orada neler hissettiğinizi, konuşulanları, duygularınızı, aklınızdan akan düşünceleri harfiyen yazmanız pek mümkün olmaz. Biraz daha eskiye, son bir yıl içerisine dönersek, duygusal anlamda iz bırakmış birkaç anekdot dışında pek bir şey hatırlamazsınız.

Zihin, hatırladığınız kısımlara çapa atar. O çapaların arasındaki mesafeler sizin duygusal durumunuza ve hislerinize göre beyniniz tarafından doldurulur. Bu kayıt sistemi doğru ya da yanlışa bakmaz ve bu aslında algısal bir çarpıtmadır. Beyin birçok veriyi sistemine algıladığımız şekilde "kendine has bir biçimde" kaydeder. Burada "kendine has" ifadesi önemli çünkü her bireyin beyin yapısı kısmen birbirine benzese de taşıdığı bağlantılar deryası, kişinin parmak izi gibidir. Bu yüzden hepimizde öznel bir kayıt süreci işler.

Bizler, bu öznel, nevi şahsına münhasır algı sistemi içerisinde gerekli-gereksiz, iyi-kötü birçok şeyi kaydederiz. Duruma beynimizin işleyişi penceresinden bakarsak, "örtülü bellek" ve "açık bellek" olarak tanımlayabileceğimiz iki bellek türü mevcuttur. Kortikal alanla, sol beyinle, hipokampusla daha yakından ilişkili olan, hikâyelerin hâkim olduğu açık bellektir. Biraz daha anlamlandırabildiğimiz, anlatabildiğimiz, belki fark edebildiğimizi düşündüğümüz, kısmen daha bilincinde olduğumuz öğelerin kaydolduğu yerdir açık bellek. Bilinç dışındaki bir veri üzerine çalışılabilmesi için onun açık belleğe aktarılması gerekmektedir. Ego dediğimiz kavram biraz daha açık bellekle ilişki içindedir.

Sağ beyinle, amigdala ile aktarım ile yakından ilişkili olan örtülü bellek ise beynin biraz daha alt bölgelerini, daha otomatik işleyişleri ilgilendiren kısımdır. Hafızanın büyük kısmını örtülü belleğin oluşturduğunu söyleyebiliriz. Özellikle sinirbilim alanında daha fazla bilgi edinmek isterseniz Louis Cozolino'nun *İnsan İlişkilerinin Nörobilimi* isimli kitabını okuyabilirsiniz.

Zihin düzeyinde salt özgür irade ile aldığımızı düşündüğümüz kararların çoğunun kaynağı örtülü bellektir, burada olgunlaşır ve zamanı geldiğinde gün yüzüne çıkarlar. Âşık olmak, ani evlilik kararı almak, meslek seçmek, ansızın iş değiştirmek, boşanmak... Bu saydıklarımız gerçekleşirken hemen her zaman haklı gerekçelerimiz vardır; oysa insanın gideceği yolların temeli büyük oranda çok önceden atılmıştır ve olanlara yönelik savunmalar ve kendini ikna etme konusunda da oldukça usta olduğumuzu söyleyebilirim. Gelin ilk görüşte aşk konusunu Fransız psikanalist Jacques-Alain Miller'ın Hanna Waar ile yaptığı aşk üzerine söyleşisi üzerinden örnekleyelim:

"Lacan tarafından yorumlanan klasik örnek Goethe'nin romanında yer almaktadır. Charlotte'u etrafındaki çocukları beslerken ilk kez gördüğü anda, Genç Werther'in içinde ona karşı birdenbire yeşeren tutkudan söz ediyoruz. Burada aşka yol açan şey bir kadının annelik vasfıdır. Bir başka örnek ise şöyledir. Ellili yaşlarını sürmekte olan bir patron sekreterlik pozisyonu için başvuran kişilerle görüşüyordu, yirmili yaşlarda bir kadın içeri girdi ve adam kadına duraklamaksızın ilanıaşk etti. Adam onu ele geçiren şeyin ne olduğunu merak ederek psikanaliz sürecine başvurdu. Bu süreçte davranışını tetikleyen şeyin üzerindeki örtüyü kaldırdı: Onda yirmi yaşındayken gittiği ilk iş görüşmesindeki kendi hallerini hatırlatan izlere rastlamıştı. Bir bakıma kendi kendine âşık olmuştu. Bu iki örnekte aşkın Freud tarafından ayırt edilen iki yönünü görüyoruz: Ya anne örneğinde olduğu gibi sizi koruyan kişiye âşık olursunuz ya da kendi narsistik imgenize..."

İlginç değil mi? Âşık olan insanın durumu anlamlandırabilmek için analize gitmesi... Tam olarak burada anlatmaya çalıştığım konuyu açık bir şekilde özetler nitelikte. Ben yaptım dediğimiz birçok eylemde bilinçdışının, örtülü belleğin büyük rolü vardır. Geçmiş dediğimiz, hatta anne babalarımızın bize sözlü sözsüz aktardığı her şey, her birimizin sisteminde kayıtlıdır. Kim bilir kaç kuşağın izleri var bu örtülü belleğin içinde. Bu kayıtlara ilgi duyan, kendisini bilmeye çalışan insanlar ile ötekiler arasında yaşama bakış anlamında büyük uçurumlar vardır. Burada etiketler ortadan kalkar. Yaşamdaki müthiş başarılarınız değil değersizliğin dehşeti konuşulur. Kaygının içindeki haset, depresyonun içindeki öfke konuşulur. Abartılı iyiliğin içindeki kibir, bilginin içindeki narsisizm, manipülasyon konuşulur...

Ne olduğun değil, nasıl olduğun...

Peki siz bu yolculuğun neresindesiniz? Size bir ipucu vereyim. Yaşadığınız olaylar üzerine düşünüyorsanız, o anki duygu, düşünce, niyetinize dışarıdan bir göz gibi bakabiliyorsanız, o an içinde zaman zaman geçmişten yansımaları görebiliyorsanız, çocuksu korkularınızı, babanıza dönüştüren öfkenizi, hırslanırken annenizi canlandırdığınızı fark edip, o duygulardan uzaklaşıp gülümserken buluyorsanız kendinizi, dünyayı güzelleştirecek bir yoldasınız demektir. Aksi halde zaten var olan öfkeniz, hırsınız, hasedinizden ilk olarak siz ve ardından başkaları payına düşeni alacaktır. Dışarıda bir yer yanıyorsa emin olun kaynağı içimizde soğumak bilmeyen korlardır.

Kendine gelemeyen ötekine gidemez...

Dördüncü Bölüm

DUYGULARIN FARKINA VARMAK

"Yetişkinlik döneminde yaşanan her boşluk hissinin, yeme davranışlarıyla giderilme çabası ile 'tek ihtiyacının' karnının doyurulması olduğu zannedilen bir bebeğe, her ağladığında mama verilmesi arasında yakın bir ilişki olabilir."

Doymayan Ruhun Sancısı

Bir bebeğin dünyaya ilk geldiğinde, dış dünyayla ilişki kurduğu ana organı ağzıdır. Oral dönem kavramını birçoğumuz duymuştur. 0-1 yaş aralığına damgasını vuran bu dönem, memeyle kurulan ilişki, psikolojik yapılanma açısından önemli bir temeli oluşturur. Anne memesi burada hem sembolik hem de fizyolojik anlamlar açısından başroldedir. Meme süt verir ve doyurucudur. Fizyolojik anlamda bebeğin dünyanın en sağlıklı gıdasını aldığı doğrudur. Fakat asıl önemli olan ve sıklıkla gözden kaçan konu bebek için memenin taşıdığı anlamdır. Bebeğin çok sık meme talebi doyumsuzluğuyla mı ilgilidir? Memeye olan ihtiyacını sadece açlığıyla açıklayabilir miyiz? Bu noktada bebeğin karnı toksa, altı temizse, ateşi yoksa ihtiyaçları karşılanmıştır diyebilir miyiz?

Elbette her bebek farklı özellikler taşıyabilir ama bir gerçeğin altını çizmemiz gerekiyor. Bebek memeden nadiren süt emer, bebek memeden annenin duygularını, annenin iç sesini, annenin dile gelmeyenlerini, kendi yakınlık, şefkat, tensel temas ihtiyacını da emer.

Annesi ve annenin memesiyle iyi bağ kurmuş bir bebek daha önceki bölümlerde de bahsi geçen oksitosin, dopamin hormonlarını bolca salgılar, bu şekilde beyin ve sinir ağlarının gelişimi büyük oranda desteklenir. Bu dönem psikolojik açıdan temel güven güvensizlik dönemi olarak adlandırılır. Burası, gezegene adımını atmış bir canlının tamamen yabancı olduğu bir ortama giriş kapısıdır. Çok daha basit bir örnekle açıklayalım. İlk kez misafiri olduğunuz bir evi hatırlayın. Misafirlik sürecinin nasıl geçeceğine dair en önemli veriler kapıda karşılandığınız anda gizlidir. Coşkulu, mutlu, samimi, huzur veren mi, yoksa beklenmedik, fazlalık, istenmeyen, reddedilmiş hissettiren bir karşılama mı? Bu iki uç arasında bir yerlerde belki. Plansız doğan çocuklar ve beklenmeyen misafirler... Sıklıkla haber vermeden ziyaretime gelen bir dostumun, plansız doğan bir bebek oluşunu bu durumla ilişkilendirdiğimde keyifli bir sohbetin de kapısı aralanmıştı.

Psikolojimizin temelini oluşturan ve mümkün olduğu kadar sağlıklı geçmesini temenni ettiğimiz, yaşama güvenli bağlarla mı tutunacağımızı yoksa misafirliğin güvensiz ve biraz daha zorlayıcı mı olacağını yordayan en önemli faktör anne ve memeyle kurulan ilişkidir.

Bebeğin her ağlayışının açlıkla ilişkilendirilmesi yaygın gözlenen bir yanılgı olabilir. "Çocuk aç olduğu için ağlar ve birinci görevimiz çocuğun karnını doyurmak, meme vermektir" düşüncesindeysek eğer, çocuk kendi ihtiyaçlarını anlamaktan ziyade beynindeki rahatlatıcı hormonları salgılamak için otomatik olarak yeme davranışına yönelir. Yani o beyinde salgılanan oksitosin gibi hormonlar, dopamin gibi sinirsel haberciler hem haz verici hem de rahatlatıcı etki gösterir. Örneğin, boşluk hissi yaşıyoruz veya kaygılıyız ya da yoğun bir değersizlik, yetersizlik, eksiklik hissediyoruz. Ağzımıza götürdüğümüz özellikle haz verici nesneler aracılığıyla memenin (güven, huzur, şefkat) varlığı hissini taklit edecek hormonal sistemi devreye sokmuş oluruz. Bir insanın kendi ihtiyaçlarını, duygularını, hislerini, düşüncelerini fark edemeyişi ve otomatik yeme davranışına sığınması, birincil ihtiyacın oral olduğu bebeklik döneminde kodlanmıştır. Kişi bunu yaşamının ilerleyen dönemlerinde fark etmeden, otomatik olarak tekrarlamaya başlar ve gerçek ihtiyaçlarına ya da sancısının altındaki ana kaynaklar yerine yeme davranışına yönelebilir.

Her gün tatlı aşermek, sürekli atıştırmak, düzenli alkol almak, aralıksız bir şeyler içmek; bu süreçlerin gerisinde insanın açlığı ya da gerçek anlamda ihtiyaçları rol oynuyor olabilir mi? Kesinlikle hayır. İnsan çok nadiren gerçekten aç olduğu için yer. İnsülin direnci, hormonal bozukluğu veya başka bir hastalığı olmayan insanlar normal şartlar altında iki öğünle, bazen bir öğünle günü rahatlıkla geçirebilir. Peki, niçin yer? Sağlıklı birçok insanda bile ağza bir şey götürmek, geçmişi tekrar hatırlatan oral bir davranıştır. Bedende her şey kayıtlıdır ve bilincin dışı denen kısımda, çok algılamadığımız, hatırlamadığımız, örtülü belleğin içine hapsolmuş birçok olayın içinde emme davranışı da vardır; duygularla kodlanmıştır. Bazen o güveni, sıcaklığı, yakınlığı, hayatımızın en korunaksız dönemindeki şefkatli alanı tekrar kurgulamak için bir şey yaparız. Bu, zaman makinesinin bir tuşuna basmak gibidir. Bazı tatları, bazı kokuları yeniden deneyimlemek isteriz. Herhangi bir besinin ağızda bıraktığı his bizi bir zaman tüneline sokar ve otomatik olarak bir yolculuğa çıkarır.

Sigara içmeyi, alkol almayı düşünün. Bunların hepsi oral dönemdeki birtakım hormonların tekrar salgılanmasını sağlayarak, kişiyi iyi hissetmeye götüren davranışlar olabilir. Sigaranın filtre kısmının yumuşak meme dokusunu andırır nitelikte oluşu bir tesadüf olmasa gerek. Sigara kullanımıyla oral dönemimiz ve ilk dönemler arasındaki yakın ilişkiyi ele alalım. Sigara denildiği zaman insanların aklına ilk nikotin gelir ama birçok gözlem yapmış, hayatının büyük bir bölümünü biyokimyasal sistemleri, hormonal sistemleri anlamaya çalışarak geçirmiş bir hekim olarak rahatlıkla söyleyebilirim ki büyük bir oranda sigara, insan hayatında memenin ikamesidir. Oral hazlar, sembolik olarak memenin temsil ettiği güven, haz, keyif, yakınlık, şefkat hissinin harmanlandığı bir deneyim gibidir. O yüzden sigarayı sistemden çıkarttığınız anda derinlerinde başka şeylerin konuşulması gerekir. Bir davranışın baskılanmasının, durdurulmasının, engellenmesinin, bir davranıştan vazgeçirilmenin, başka türlü duyguları, hisleri ve davranışları ortaya çıkarabileceğini unutmayalım.

Ruha dokunmadan, insanın öyküsünü bilmeden üç beş günde sigara bıraktırma hevesinde ve iddiasında olanların, insan psikolojisinin yakınından dahi geçmediğine bahse girebilirim.

Kaldı ki bu girişimlerin ya işlevsiz olduğuna ya da geçici bir etkinliğinin olduğuna defalarca şahit oldum.

Durdurulamayan, yönetilemeyen yeme içme davranışlarının, sağlık profesyonellerinin "bunu ye, şunu içme" nasihatlerinin çok daha ötesinde bir yaklaşıma ihtiyaç duyduğunu bilmeliyiz. Semptomları ortadan kaldırmak için çaba harcamak yerine bize hangi mesajı verdiğini anlamaya çalışmak, gelişim yolculuğumuz açısından çok daha değerlidir.

"Mutsuzluk ya iyileşir ya bulaşır..."

Hani Gülmek Bulaşıcıydı?

Her şey birbiriyle etkileşim halindedir. İnsan bedenini oluşturan hücreleri ele alalım.

Bedendeki tüm hücreler arasında sürekli bir haberleşme var ve aslında tıp dediğimiz alanın kök konularından biri bu haberleşme sistemini mümkün olduğunca aydınlatmaktır. Bütünsel tıpla ilgilenen, bütünsel bakışla uğraşan biri aslında hücreler arası haberleşme sistemiyle yakından ilgileniyor demektir. Sinir sisteminin nasıl haberleştiğini, hormonların buradaki rolünü, nörotransmitter dediğimiz sinirler arası haberleşme sisteminin nasıl çalıştığını, reaksiyonlar zincirlerini araştırır. Örneğin, bir nöron diğer nöronla etkileşime girdiğinde DNA yapıları, ribozom, mitokondri sayısı, protein sentez hızı, bu durumdan etkilenir. Etkileşime girmiş bir sinir hücresinde artık hiçbir şey eskisi gibi olmayacaktır. Beyinde yaklaşık yüz milyar nöron var. Bu yüz milyar nöronun en önemli özelliği sayısı değil, tek bir nöronun on ila on bin bağlantı yapabiliyor olmasıdır. Bağlantısallık ve enformasyon (haberleşme) konusu kendi adıma yaşamımdaki en büyük araştırma konularından biri... Bir sisteme diğer sistemden bir enformasyon geldiği anda o yapı artık eskisi gibi değildir. Bütün sistem bu durumdan etkilenecektir.

Gelelim insan ilişkilerine... Biz bunu günlük yaşamımızda kesinlikle fark etmiyoruz ama tıpkı mikroda olduğu gibi insanlar da birbirleriyle etkileşir; birbirlerinin mimiklerinden, jestlerinden, ses tonlarından, kokularından, duygularından bir mesaj alır.

Yıllardır melankolik, mutsuz, çökkün, olumsuz bakan, her şeyi kötüye yoran bir insan olduğunuzu ya da bu insanla birlikte yaşadığınızı, çalıştığınızı, paylaşım içinde olduğunuzu düşünün. İnsan insanı bakışıyla, duruşuyla, davranışıyla, niyetiyle, düşünceleriyle, sözleriyle direkt olarak etkileyebilir. Bilinçli olsun ya da olmasın süreğen bir negatiflik, yanı başında olanı da muhakkak negatif yönde etkileyecektir.

En yakın, en fazla iletişimde olduklarımızla gözle görülemeyen sürekli bir etkileşim halindeyiz ve sistemimiz de bir süre sonra buna göre çalışmaya başlar. Örneğin, kapı ziliniz aralıksız uzun uzun çaldı. Daha çalarken peşinen bir tehlike olduğunu düşündünüz. Korku dolu bir yüz ifadesiyle kapıyı açtınız. O esnada sizde ilk salgılanan hormonlar kortizol ve noradrenalindir. Direkt tehdit algısı oluşmuştur. Bu bizim anlattığımız majör bir örnek. Bizi etkileyen aralıksız çalan bir zil olsun. Burada sistem bellidir: Tehdit algımıza eşlik eden ana hormon kortizoldur, kısa vadede bu hormon sabah uyanabilmemiz, hatta ani salgılamada, hayatta kalma şansımızı artırmak için savaşabilmemiz ya da kaçabilmemizde rol oynar. Fakat kronik kortizol salgısı tüm sistemi altüst eder. Kasları zayıflatır. Beyindeki hafıza merkezlerinden biri olan hipokampusun boyutunu küçültür. Atrofi dediğimiz hücre sayısını azaltır. Mideye, bağırsaklara, sindirim enzimi üretimine, tüm sindirim süreçlerine zarar verir. Bağışıklık sistemini olumsuz etkiler, uzun dönemde kaslarınızı eritir, bel çevrenizi yağlandırır. Hormonal sisteminizi bozar. Tiroit fonksiyonlarınıza zarar verir. Kadınlık ve erkeklik hormonlarını olumsuz etkiler. Bu, şu demektir: Sisteme bir haberci girdiğinde ve kalıcı olmaya başladığında bu, hele de uzun süreliyse, sistemi baştan ayağa yeniden dizayn eder.

İnsanın kendisini, duygularını, düşüncelerini, duyularını, öyküsünden getirdiği birtakım zaaflarını fark etmesi –yargılaması değil– ve kabul göstermesi bu kitabın ana konularından biridir. Önümüzde bir çukur var. Yanından geçme değil de o çukura girme eğilimindeyiz. Geçmişteki o çukuru anlamak, fark etmek için tekrar tekrar çukura giriyoruz. O çukura gireceğinizi sezdiğiniz ve aslında bunun döngünüz olduğunu bildiğiniz anda oraya girseniz bile bunu yargılamadan, içinde kalarak, hissederek, anlamlandırarak atlatmaktan bahsediyorum. Maalesef bizler yaşam boyu bilinçdışı olarak telafi ya da tanıdıklığı nedeniyle sıkıntıya ve çukura düştüğümüz yerlere çekilmeye meyilliyiz. Fark etmek, anlamlandırmak ve içgörü kazanmaktan başka çaremiz yok.

İki insan birbirini tahmin edebileceğinizden çok daha fazla etkiler. Neyin yanında durursanız ona dönüşürsünüz.

Bu sistemde en önemli şey, konnektom yani bağlantısallık ve haberleşme sistemidir. İnsan aynalanmak, kendisini görmek, tanımak, var olduğunu hissetmek için ötekine ihtiyaç duyar. Birçok eğitimde, sunumda verdiğim örneklerden biri insanların da tıpkı beden içindeki haberleşme sistemi gibi özelliklerinin olduğudur. Bazı insanlar daha kapıdan girer girmez huzurlu, kapsanmış, değerli hissetmeye başlarsınız; aklınıza geldiklerinde bile kendinize karşı yargılayıcı tutumunuz azalmaya başlar. Alın size oksitosin. Tıpkı oksitosin gibidir bazı insanlar, yanında çocuk olursunuz, hata yapma hakkı tanırsınız kendinize, yargılanmazsınız, yeşerirsiniz. Bazı insanlarla ilişkileriniz kortizolu hatırlatır, telefon çalarken ekrana yansıyan ismini dahi gördüğünüzde kalp atım sayınız artabilir, kaygılanabilir, gerilebilirsiniz. Kimi insanlar testosteron gibidir; hırs, rekabet, yenmek, diz çökertmek, alan korumak üzere ilişki kurarlar. Acıdan beslenenler, haz alanlarsa endorfin gibidir. Aslında bu hormonların hepsi de beden sağlığında dozunda ve yerinde salgılandıklarında çok değerlidir. Buradaki benzetmelerim biraz daha akılda kalıcı olması ve bir habercinin sisteminize girmesinin çok da zor olmadığını görmeniz içindir. O yüzden neyin yanındaysak, kiminle birlikteysek, neyle temas halindeysek ondan etkilenme olasılığımız çok yüksektir, çünkü o kendi gözünden ve filtresinden bizi kendimize aynaladıkça, aynanın söyledikleri kendimize dair gerçeklerin önüne geçmeye başlar.

Bir ilişki sisteminde –kalıcı bir ilişkiyse– devam etmek durumundaysak, bu sistemden vazgeçemiyorsak iyi olabilmek için önce kendi yolculuğumuzu, sonra ötekini ve ardından ilişkiyi anlamamız gerekir. Kimin yanında durduğumuz, ne kadar vakit geçirdiğimiz, kiminle nasıl paylaşımlarda bulunduğumuz, nelerle ya da kimlerle iç içe olduğumuz önemlidir. En çok temas ettiklerimiz, sistemimize birer haber olarak yansır ve o haberler bedenimizdeki tüm sistemi değiştirir. Bu temas bir eşle de olabilir bir filmle de, bir sosyopatla da olabilir, bir sanatçıyla da.

Neyle iç içeysek ve döngüsünden çıkamıyorsak;
yargılama, suçlama değil bizzat öykümüzün
analizi çözüme katkı sunacaktır.

"Hüzün; kendini, abartılı mutlu görünme çabasıyla da ortaya koyabilir."

Sosyal Medya Mutluları

İnsanların birbirleriyle etkileşimi noktasında özellikle son beş on yıldır müthiş bir dijital dönüşüm yaşanıyor. Elimizden düşüremediğimiz telefonlarımız üzerinden özellikle sosyal medya oluşumları aracılığıyla insanlar birbirlerine aralıksız mesaj veriyorlar. Kimsenin yanınızda olmasına gerek yok. Paylaştığı bir fotoğraf, bir görsel, bir kısa filmle kişi sizde çeşitli duygular uyandırabilir. Paylaşılan her şey, takip edenin sistemi üzerinde etki gösterir. Sosyal medyanın kusursuz hayatları olan, harika yerler gezen, şef restoranlarından çıkmayan, aşkın zirvesinde dolaşan insanlarla dolup taştığını rahatlıkla gözlemleyebiliriz.

Pandemi süreciyle birlikte eve kapanmış insanların, ilişki ihtiyaçlarını dijital platformlar üzerinden karşılaması hızla artış göstermiş ve dijital bir devrimin de kapısının aralanmasına yol açmıştır. Artık herkesin bir hesabı var ve kişilik özellikleriyle değil, hesabının gösterdikleriyle tanınıyorlar. İnsanlar yavaş yavaş bir algoritmanın yönetimi altına girmeye başlıyorlar. Devletin koyduğu yasalardan, etik kurallardan çok daha önemsenmeye başlamış algoritmalar... Çok geçmeden devasa bir kablo yığınının dünyayı yönettiğine şahit olabiliriz. Öte yandan o kablo, çip topluluğunun taşıdığı algoritmaları büyük oranda oluşturan yine bizleriz; en hızlı şekilde reaksiyon verip, dikkatimizi, zamanımızı, ekonomimizi en fazla akıttığımız içerikler, paylaşımlar, bu sistemin belirleyicisi olacaklardır.

Peki bizlerin payına ne düşüyor? Arzuladığımız, kendimizi gerçekleştirmek istediğimiz, hayalini kurduğumuz her şeyi izler hale geldik. İzlediğimiz, duyduğumuz, hissettiğimiz her şey beynimizde alan işgal eder. Kendi avladığı balığı pişiren ve lezzetle yiyen birini gördüğünüzde beyniniz tıpkı bu eylemi gerçekleştiren kişinin beynine benzer bir şekilde çalışmaya başlar. İşte ayna nöronlar dediğimiz, buluşu bilim dünyasını sarsan bu sinir hücresi toplulukları bu konuyu derinlemesine ele almamız gerektiğini gösteriyor. Yapmak, eyleme geçmek yerine izlemeyi tercih etmek...

Artık ortalamamız şu ki; hüznüyle yüzleşmek istemeyen insanların paylaştığı mutlu anlar, mutsuz insanlar tarafından bolca beğeni topluyor. Olmayı istediklerimizi veya istemediklerimizi paylaşır ya da izler hale gelişimiz kendi gerçekliğimizle, dijital performansımızın gösterdikleri arasındaki uçurumun artışına yol açıyor. Acının, kırgınlığın, utancın, suçluluğun, hayal kırıklığının, eksikliğin içinde kalmaya tahammülü olmayan insanlar, birbirlerine dijital bir cennet bahçesi sunuyorlar.

Paylaşımlarımız aynı zamanda savunmalarımızdır.

Anneliği zorlu geçen bir kişi müthiş anne hesabıyla milyonlara ulaşabilir, kendisini eşine olan sevgisini sorgularken bulan bir kişi aşk hikâyelerinde ustalaşabilir, evine uğramayan bir baba çocuğuyla keyifli vakit geçirmenin tüyolarını binlerce insana ulaştırabilir. Sanal dünyanın sunduğu nimetlere olumlu bir pencereden de bakmıyor değilim. Asıl üzerinde durduğum ayrıntı, insanların potansiyellerinin, varoluş yolculuklarının, kendi gerçekliklerinin peşinden gitmek yerine, daha zahmetsiz bir şekilde onu sembolize eden dijital ürünlerle özdeşim kurmaları. Sıkça duymuş olabileceğiniz bir söz var: "Hayatınızı değiştirecek kararları, atılımları, yeni bir girişimi kimseyle paylaşmayın." Bu öneriye kısmen katılıyorum çünkü anlatmak, çok sık bahsetmek, gerçekleşmesi muhtemel o deneyimin hissini yaşamak, deneyimin bizzat kendisinin önüne geçebilir. Eyleme geçmek yerine anlatan, izleyen, deneyimlemek yerine hissini yaşamayla yetinen insanların dünyası... Şimdi bu pencereden en çok ne izlediğinizi, en sık hangi hayallerinizi anlattığınızı ve bunları yaparken aslında kendinizi nasıl sabote ettiğinizi tekrar gözden geçirin.

"Varlığına dahi tahammül edemiyorum diyorsanız,
sizde uyandırdığı duyguların kaynağına
inmeye cesaretiniz var mı?"

Yüzünü Bile Görmek İstemiyorum

Tanıdık yüzler, hisler, öyküler güven hissi oluşturur. Bireyin öyküsü, yaşamını güvenli bir hapishaneye dönüştürme eğilimindedir. Aslında bizi sürekli güvende hissettiren bir yaşama doğru yönelme çabası, gelişimimiz açısından pek de ideal bir durum değildir. Gelişmek niyetinde olan bir kişi öyküsünün güvenli limanından arada bir çıkabilmeli ve tekinsiz yolculuklara yelken açabilmelidir. Ilımlı stres, gelişim açısından oldukça işlevseldir. Burada tekinsizlik kavramıyla "tanıdık olmayana" atıfta bulunulmuştur. Peki katlanamadığımız, tahammül edemediğimiz insanlardan, durumlardan hızla uzaklaşma eğiliminde oluşumuz işlevsel bir davranış mı? Kitapta sık vurguladığım ve önemini defalarca dile getirdiğim, "olumsuz hissetmemize yol açan duyguların içinde kalabilme yetisi." Gördüğünüz gibi ilk adımınız hemen ortamdan uzaklaşmak yerine duygunuzu fark etmek olduğunda, o duygunun gözlemcisi olmayı başardığınızda asıl rahatsız olduğunuz düşüncenin kaynağını da görme şansını yakalarsınız. Bu tam bir psikolojik gelişim antrenmanı gibidir. Karşılaşma olasılığının dahi sizi huzursuz ettiği insanlar size hangi mesajı veriyorlar? Yetersizlik, değersizlik, eksiklik, aşağılanma, dışlanmışlık, utanç... Hepsi bizim sıklıkla yaşadığımız duygular ama genelde rahatsız edici olduklarından bilinç yüzeyine çıkamıyorlar. Bu duygular üzerine düşünmek yerine ötekini sorumlu ilan etmek geçici bir rahatlama yaratıyor olabilir ama gelişim de bu noktada başlıyor maalesef. Gelişim biraz sancılıdır, tıpkı kaslarda olduğu gibi. Hiç kas ağrısı, can yakan egzersizler olmadan gelişen kas gördünüz mü? Tırmanmadan, koşmadan, yükün altına girmeden kaslarımız gelişemez. Duygusuna yakınlaşmayan, eyleme vurarak yaşayan, tüm sürecini otomatik bir şekilde davranışsal ve düşünsel olarak çözmeye çalışan kişi de ancak günü kurtarabilir ama psikolojik anlamda gelişemez. Büyük oranda bakım verenlerimiz aracılığıyla şekillenmiş psikolojik bir altyapımız var. Bugün yaşanan olumsuz hislerine yakınlaşmaya başlayan bir birey bunun önemini çok daha iyi anlayacaktır. Sık karşılaştığım bir örnekle anlatmaya çalışayım. Babasının gözünde değersiz, eksik, aşağılık hissetmemek, annesi gibi olmamak için başarı peşinde koşarak istediği statüye kavuşan ya da kavuşamayan bir kız çocuğunu düşünün. Yetişkinlik dönemlerinde onlarcasıyla karşılaştım. Genellikle babalarına çok bağlılardı. Müthiş babalarının prenses kızları olduklarından neredeyse eminlerdi. Prenseslerin biraz çirkinliğe, başarısızlığa, eksikliğe, utanca tahammülleri yoktu. Koşullu baba sevgisini kaybetmemek uğruna, bilincin derinliklerine itilmiş baba öfkesi her yerde karşımıza çıkar.

Babanın temsilleri ve babanın sevgisini elinden alabilecek semboller (eş, patron, kurum, başarı) katlanılamaz, tahammül edilemez bir hal alabilir.

Tahammül edemediğiniz, bir an evvel uzaklaşma hissi uyandıran insanlar, size kendinize dair önemli mesajlar vermeye gelmiştir. Ne zaman benzer duygulara kapılsam kendim, arzularım, zaaflarım, hırslarım ve bilinçdışı süreçlerle inşa ettiğim yakın çevrem üzerine düşünmeye başlarım. Sıklıkla da kaynağın pek de öyle uzaklarda olmadığını görürüm. Huzursuz olduğunuz ortamları tercih etmemekte oldukça haklısınız, ancak duygularınız üzerine çalışmaya başladığınızda tepkiselliğinizin de azaldığını göreceksiniz. Psikolojik olarak gelişen insanın ortamı, arkadaşları, işi, yaşam tarzı, sevgi anlayışı da değişecektir.

Derin, samimi, dürüst, sevgi odaklı ilişki modellerinin kurulması için, zorlu yollardan yani kendi gerçekliğinin içinden geçebilmek gerekiyor.

Ya yaralarımızı gizleyeceğiz ve benzer her yaradan midemiz bulanacak ya da yaralarımızın bize hatırlattığı öykümüze canımızın yanması pahasına yakınlaşacağız.

Acını şefkatle kucaklamayı başardığında bir perde daha kalkar gözünün önünden...

"Mağdur, hep alacaklıdır..."

Kurban Olmak ve Kurban Etmek...

Mağduriyet sıklıkla bir ilişki kurma biçimi olarak karşımıza çıkar. Aynı zamanda, içeride ihtiyaçları karşılanmamış bir çocuğun sesini duyurmak için sıklıkla seçtiği bir yoldur. Hak ettiği sevgiyi alamamış bir çocuğun serzenişine kayıtsız kalmak pek kolay değildir. Durumu çok iyi izah eden ve Anadolu'da sıkça anlatılan minik bir öykü vardır. Babaları olmayan sekiz çocuğa sahip bir anne sekiz adet yumurta haşlar. Evlatlardan biri (muhtemelen ileride etrafında mağdurları toplama potansiyeli yüksek olan) "Anne neden sekiz yumurta, sana yok mu?" der. Annesi de boynu bükük ve ağlamaklı bir ses tonuyla, "Anneniz dert yesin yarım yarım dört yesin yavrum," sözleriyle yanıtlar. Annenin mağduriyetinin payına düşeni oldukça artırdığı bu nükteli öyküde, derin mesajlar olduğunu düşünüyorum. Hiçbir ilişkide bu açıklıkta göremeyeceğimiz bir gerçeğe yakınlaştırıyor bizi. Mağduriyet ikna yolları içerisinde en güçlü olanıdır. Size zorla yaptırılamayacak birçok şey boynu bükük, yaralı bir çocuk edasıyla rahatlıkla yaptırılabilir. Savaşçı birine karşı sınırları korumak daha kolaydır ama mağdur oradan rahatlıkla geçebilir.

Kurban rolü bir kurtarıcıya olan özlemin yansımasıdır. Yıllardır yaptığım görüşmelerde, ikili ilişki deneyimlerimde mağdurla vedalaşmanın oldukça zor olduğunu gözlemledim. Babası tarafından terk edilmiş, annesinin yakınlığını yeteri düzeyde alamamış bir bireyin iç dünyasında mağdur bir çocuğun oluşması muhtemeldir. İçeride yeşeren bu parça ileri yıllarda ya mağduru ya kurtarıcıyı ya da döngüsel olarak bu rolleri sahneleyecektir. Bu açıdan bakıldığında kurban olan ile kurban edenin öyküsünün benzerliği dikkat çekicidir.

Otomatik davranış modellerimizin derinlerinde kendimize olan yabancılığımızın payı büyüktür.

Bir ömür boyu ilişkilerinde suçluluk hissi yaşayan, hatta çevresini ilişkilerini asla sonlandıramadığı kurbanlarla doldurmuş insanlar, asıl kurbanın kendi içinde olduğunu fark edemezler.

İçindeki mağdur çocuğu göremeyenler, benzer kurbanların sinyallerini anında tespit ederler. Daha güçlü, kurtarıcı, ebeveyn gibi hissettikleri bu ilişki motifinin, zamanla kaldırılamayacak yüklere dönüşme potansiyeli yüksektir.

Abartılı iyileştirme hevesinde olanlar, iyileşme umudu en azalmış olanlardır...

"Yalnızlık; kendine tahammülü olmayan bedenler için bir ceza, özüne hasret kalmış kâşif ruhlar içinse bir ödüldür..."

Yalnızlık Ödül mü Ceza mı?

Yalnızlık sözcüğü, çağrıştırdığı anlam itibarıyla bazı zihinlerde olumsuzluk uyandırabilir. Bağ kurmak, bağlantı kurmak üzere programlanmış insanın yalnızlık karşısında oldukça çaresiz olduğu aşikârdır. Gerçek anlamda yalnızlık, pek az insanın deneyimlediği bir durumdur. Kitap okuyan, koşan, pilates yapan, ağırlık kaldıran, müzik dinleyen, film izleyen, dijital mecralarda gezinen, sosyal medyada vakit geçiren bir insan yalnız değildir.

Belki de seçilmiş bir yalnızlıktan söz ediyoruz. İnsanın kendisiyle baş başa kaldığı, kendi kalabalığıyla yüzleştiği yalnızlık. Dışarıda sesler azaldığında iç seslerin şiddeti artmaya başlar. Konuşan, tartışan, vazgeçen, karar alan, program yapan, yargılayan, utandıran, akıl veren, abartan sesler. Her bir sesin öyküsü, yolculuğu var. Sanki yüzlerce insan geçmiş bu bedenden. İşte bu karmaşanın içinde kalabilmek ilk zamanlar çok zordur. Yolculuk devam ettikçe seslerin çıkardığı gürültü de azalacaktır. Dışarıda kalabalıklar içinde boğuluyor oluşumuzun nedeni içeridekilerle yüzleşmemiş oluşumuzdandır. İçimizde göremediklerimizle dışarıda karşılaşma olasılığımız artacaktır. İnsan psikolojik olarak yaş aldıkça sadeleşmeye başlar ve hem içeride hem dışarıda gürültü azalır.

Zamanının büyük bölümünü çalışarak geçiren, ardından yarattığı ilk boşlukta hazlarına yönelen insanın kendisini ihmalinin fotoğrafıdır bu döngü. Yemek, içmek, eğlenmek, izlemek... Öyle ki kendisiyle kalmaya tahammülü olmayan, durmaktan, fark etmekten, iç dünyasıyla temasa geçmekten endişe duyan insanlar toplumun büyük bölümünü oluşturuyorlar. Sessizliğe, iç sesine özlem duyanlar için yalnızlık elzem bir ihtiyaçtır.

Kendinden kaçanlar sığınacak limanı dışarıda ararlar,
oysa insanın kendinden başka gideceği hiçbir yeri yoktur.

"Bazı insanların varoluşu ağırlıklı olarak 'şikâyet etmek' üzerine kurulmuştur. Sorunun çözümüyle pek ilgilenmezler. Ağlamak, dert yanmak ve haksızlığa uğramışlık hissini dile getirmek tek iletişim araçlarıdır. Yaşam enerjiniz değerli ve onu korumanız çok önemli..."

"Sorun Sende Değil Bende" Diyebilmek

Biri şikâyet ediyorsa, "Kendimle yüzleşmek bana çok acı veriyor, kendimi anlama, fark etme çabası içine girmekten çok uzaktayım," demek istiyordur. Sürekli şikâyet etme sebebi aslında insanın kendisiyle yüzleşme konusunda ciddi şekilde acı çekme endişesidir. İnsanın kendisiyle yüzleşmeye aday olması üst düzey bir emek ve çaba gerektirir. Çabuk vazgeçilebilir, çünkü kolay değildir. Başka uyarıcılara yönelim başlar. İnsan içeri doğru yürümekten korktukça içeriyi anlamadan uzaklaştıkça, kendini daha çok dışarıda bulur. Şikâyet etme bir suçlama, bir suçlu arayışıdır. Sorumluluktan vazgeçmek demektir. "Ben bunun sorumluluğunu alabilecek olgunlukta değilim," itirafıdır. Birinin şikâyet etmesi her zaman bir dertten, sıkıntıdan, hastalıktan kurtulma konusundaki bir ihtiyacı göstermeyebilir. Bu bir ilişki kurma biçimi olabilir.

Şikâyet edilen olduğunuz, suçlandığınız ve suçlu hissettiğiniz zaman aslında bir anlamda o duygu size transfer edilmiş olur. Biraz suçlu hissettiğiniz anda hormonal dahil bütün sisteminiz, kortizon seviyeniz değişir. Beyindeki nöral haberleşme dediğimiz nörotransmitterlerin üretim miktarları değişir. Size gelen duyular –özellikle suçluluk duygusuysa– bedeninizde birçok işleyişi değiştirir. En çok da enerjinizi etkiler. Girmiş olduğunuz bir duygu, bedeninizdeki enerji dağılımını, hormonal sistemi dahi etkiler. Beyindeki biyokimyasalları etkiler. Hipotalamus hormon merkezidir. Suçlu hissettiğinizde, kötü hissettiğinizde, şikâyet edilen taraf olduğunuzda HPA aksı harekete geçer. Yani hipotalamus-hipofiz adrenal bez aksı çok korktuğumuzda, depresif veya suçlu hissettiğimizde harekete geçer. HPA aksı, beynin nöronlar aracılığıyla hormonal sistemi harekete geçirmesidir. Nöral haberleşme sisteminin hormonları harekete geçirdiği ve tehdit algısının olduğu durumlarda devreye girer ve enerjinin nereye aktarılacağını gösterir. Bir insan suçlu, endişeli, depresif hissettiğinde enerji sistemi tamamen "savaş ya da kaç" mesajına harcanmış olur. Aslında gerçek anlamda bir tehdit yoktur ama sadece bize bulaşan bir duygu yüzünden sistemimiz sürekli çalışmak durumunda kalabilir. Bu, sanki sürekli bir tehdit varmışçasına şarj dolu şekilde beklemek gibidir. O anda hücre bölünmesi, hücrenin enerji üretmesi, enzimatik ve hormonal reaksiyonlar, kadınlık, erkeklik hormonlarının oluşması, üreme, sindirim sistemlerinin iyi çalışması; sistem bunların hepsini durdurur. Size ulaşan bir duygu eğer sizde ciddi olumsuz etkiler uyandırıyorsa ve bu süreç kronikse bütün enerji sisteminizi bozar.

İnsan; aile içinde bulunduğu ortamlardan, dostlarından, hayvanlardan, gökyüzünden, topraktan, ağaçtan, kısacası bulunduğu ekosistemden çok etkilenir. Kendi yolculuğunu keşfetmek isteyen bir insan çevresine çok dikkat etmelidir. Kendini anlamak, fark etmek isteyenler enerjilerini korumayı öğrenmelidir. Size hangi duygu bulaşıyor ve içinizdeki hangi parçaları tetikliyor? Hangi sistemler, hangi öyküler harekete geçiyor? Şu anda bu duygu bende neden yoğunlaşıyor? Tüm bu soruların ardındaki düşüncelere, öykülere, hislere ve kendine odaklanmak önemlidir çünkü dışarıdan gelen tesirler insana çok ciddi anlamda etki edebilir.

Bunların içinde insanın en çok etkilendiği şeylerden bir tanesi de öteki insanlardan ve varlıklardan kendisine bulaşan duygulardır. Bazen farkında olmadan ebeveynlerimizle çözemediğimiz ama içimizde sakladığımız birtakım yaralayıcı ve acı verici hisleri ötekine transfer ederiz. Bu, bizde geçici bir rahatlık sağlar. Fakat transfer edilen kişi eğer bizsek bu, bütün enerji sistemimiz durumdan etkilenecektir. Enerjiyi doğru kullanabilmek için kendimizi, yolculuğumuzu anlamlandırmamız, dışarıdan gelen bu tesirleri fark edebilmemiz, durdurabilmemiz, bir anlamda işgal edilmemizi engellemek için sınırlarımızı iyi tanımamız gerekiyor. Ben yolculuğunda o enerjinin varlığı hayli önemli.

Kendimizi tanıyamadan dışarıyı tanıyamayız. Bir duyguya nasıl girdiğimizi bile anlayamayız.

Dışarıda sistemini tamamen şikâyet ve mağduriyet üzerine kurmuş ve iyileşmek de istemeyen o kadar çok insan var ki. Onlara kızmıyoruz. Onları yargılamıyoruz. Ama şikâyetçi tutumu bir yaşam modeli haline getirmiş, ilk bakışta yardım arayışı gibi görünen tavırlarının sadece duygu transferiyle sonuçlandığını deneyimlediğiniz insanlara destek vermeniz neredeyse imkânsızdır. Hatta o duyguyu devralırsınız. İçine girdiğiniz bu duygu, konunun başında da belirttiğim gibi tüm hormonal aks ve hücrenin enerji ocakları olan mitokondriyal sistem tüm enerjiyi, duygu bulaşıyla ortaya çıkan sahte tehdit algısını savuşturmak için harcayacaktır.

Bu yaşamdaki en değerli ayrıntılardan biri enerjimizdir. İşin ilginç yanı bu enerjiye yön veren, yani fizyolojik bir olgunun dağılımındaki en önemli başlıklardan biri psikolojimizdir. Dönüşme yolculuğunda olanlar; enerjinizi korumak için çevrenize, içinde bulunduğunuz duygu havuzuna ve öykünüze iyi bakın...

"Büyük hazların hemen ardından, hayal kırıklığı ya da pişmanlık yaşanır. Beyin biyokimyamız haz değil, hayatta kalma üzerine programlanmıştır."

Çok Pişmanım. Bir Sor, Neden?

Haz ve bağımlılık kavramının beyindeki temsili dopamindir. Beynimizde birtakım nöronal haberciler vardır ve bunlara tıbbi olarak "nörotransmitter" denir. Bunlardan bir tanesi de dopamindir. Dopamin, haz ve bağımlılıklarla yakından ilişkilidir. Dopamin, keyifli veya haz alınan eylemlerde belli bir seviyeye kadar yükselir ama çabuk yıkıma uğrar ve ortadan kaybolur. Hatta dopaminin yıkım ürünlerinden bir tanesi "noradrenalin"dir. Bu da bir nörotransmitterdir. Noradrenalin, belli bir seviyeye kadar dikkat, istek, motivasyonu destekler, ama belli bir miktarın üstünde ise kaygı ve huzursuzluk yaratır. Yani hazzın ürünlerinden biri huzursuzluk olabilir mi?

Bu bilimsel yaklaşımı Fransız psikanalist Lacan'ın *Jouissance* kavramı ile birlikte tekrar gözden geçirelim. Lacan bu kavramı bir organizmanın kaldırabileceğinden çok fazla olan her şeyi anlatmak için kullanır. Yoğun haz verici bir deneyimin bir süre sonra aslında keyif vermediğini hatta bazen acı ve utanç verici olduğunu ileri sürer. O yüzden insanda, zihninde alacağı yoğun hazzın hesabını yaptığı eylemler esnasında, hazzın zirve noktasından sonra utanç, bazen huzursuzluk, bazen keyifsizlik gibi birtakım olumsuz düşünceler oluşabilir. Yani hazzın zirve noktasından sonrası sıklıkla ıstırap yaratabilir. İnsan haz odaklı olduğu anda daha çok bağımlılıklara yönelir çünkü dopamin artırıcı eylemler, insanı tekrar tekrar onu deneyimlemeye iter ama planlananın aksine, bundan belli bir miktara kadar haz alınabilir.

Özellikle hazza ve hızlıca keyif verici bir alana yöneldiğimiz zaman dopamin aslında artar ama öte yandan bu durum sürdürülebilir olmaz çünkü dopamin sinir sisteminde hızla parçalanır. Öyleyse yoğun haz ve bağımlılıkların zihindeki ana temsili dopamindir. Peki, iyi hissettiren, bağımlılıktan ziyade bağ kurmayla ilişkili olan, zevk değil şefkat odaklı olan başka bir yol daha var mı? Bu noktada ön plana çıkan hormon oksitosindir. Bağımlılık daha dopaminerjikse bağ kurmak daha oksitosin odaklıdır.

Oksitosin; bağ kuran, sarılan, bağış yapan, yavrusunu besleyen, koşulsuz paylaşan insanlarda daha fazla salgılanabilir.

Paylaşmakla yakından ilişkilidir; haz değil, bağ odaklıdır ve kaygı merkezimiz olan amigdalanın sakinleşmesinde büyük rol oynar. Annenin varlığıyla sakinleşen bir çocuğu hayal edebilirsiniz. Bağımlılıklardan ziyade bağ kurabileceğimiz ilişkilere yönelten ayrıntılar bedenimiz açısından daha iyileştiricidir. Dopamin ihtiyacı her zaman olacaktır, çünkü keşfetmek isteyen, avının izini süren insanda dopamin artar ve hayatta kalma şansı artmış olur. Antropolojik olarak durum böyle ama günümüzde başka bir amaca hizmet ettiğini söylersek yanılmış olmayız. Riskli davranışların ardında aslında bir dopamin ihtiyacı söz konusudur. Kumar, cinsellik gibi riski artıran ve sonunu düşünmediğimiz davranışlar da bu salgıyı artırır. Dopamini en etkin şekilde keşfederek, yeni bir yolculuğa yelken açarak, yeni bir bilgi öğrenerek sentezleriz, aksi halde bizi bağımlılıklara sürükleyecek sistemlere yönelme olasılığımız artabilir. Şekerli ya da bedenimiz açısından çok işlevsel olmayan zararlı gıdalar da dopamini artırarak bizi buraya doğru yöneltir. Bağımlılıkların esiri olmamamız için hem bağ kurabiliyor olmamız hem de kâşif ruhumuzu besliyor olmamız çok önemlidir.

Rutin hayat, sıradanlık, alışılagelmiş tekrarlar ise dopamin için oldukça olumsuz öğelerdir. Toplum ortalamasının yaşam modelini hesaba kattığımızda insanların neden kolay yoldan dopamin artırmak için tatlıya, toksik atıştırmalıklara, sosyal medya hesaplarına, yüksek riskli kripto yatırımlara yöneldiğini anlayabiliriz. Beton yapıların, dijital hegemonyanın algoritmalarına hapsolmuş insanlar; keşfetmeyi, bağ kurmayı, doğayı unutmuş görünüyor.

Dışarıda peşinde koştuklarımız, içeride göremediklerimizin yansımalarıdır...

"Tutku peşinde koşanlar, tutarlı sevginin olduğu bir ilişkiye hasret yaşarlar."

Her İnsan Eksik Doğar

Bu başlıkta, ilişkilere ve ilişkilerin derinliğine biraz olsun ışık tutmaya çalışıyorum. Aşk ya da sevgi dediğimiz ikili ilişkide en önemli konu, karşımızdakine bir yaramızı açmamız ya da bir eksikliğimizi vermemizdir. Alain Miller der ki: "Lacanyen bakış açısıyla aşk aslında birine hediye vermek, parayla satın alıp bir çiçek vermek değildir. Aşk ötekine sende olmayanı, eksikliğini vermektir." Miller, "Eksikliğini fark edemeyenler, göremeyenler, tam olduğunu düşünenler aslında âşık olamazlar," der. Yine Lacanyen bir bakış açısıyla aşkı açıklamaya devam edelim. Aşkın içinde bir eksiklik vardır. Öte yandan eksikliği kabul etmek kadınsılıkla ilgilidir. Çıkıntısı olan erkeğin eksiksiz ve tam, girintisi olan kadının ise eksik olduğuna dair inanç toplumun şekillenmesinde büyük rol oynamıştır. Bazı kültürlerde bu inanç daha kuvvetlidir. Erkeğin, erkin yüceltilmesi, kahramanlaştırılması her iki cinsiyet için de bir yaradır. Bu beklentiyi karşılamanın yükünü taşımakta oldukça zorlanan erkek ve yüklediği bu anlamın sonuçlarını gördüğünde büyük hayal kırıklığı yaşayan kadın için de durum hüsrandır.

Halbuki her insan eksik doğar. Erkek ya da kadın fark etmez ve bize bunu ancak aşk anlatır.

Kadın zaten eksiklik hissedişine dair aynalarla büyür ve bu gerçeklikle yüzleşmesi görece daha kolaydır. Sanki çıkıntısı nedeniyle fazlalığı varmış gibi düşünülen bir erkek, eksik bir varlıktır oysa. Bunun farkında bile değildir. Önce o fazlalığın bir anlamı olmadığını, arkasından da kendi eksikliğini anlaması gerekir ki bu daha zor bir yolculuktur. Aşkın içerisinde kadın, eksikliğinin ve orada tamamlanmaya giden bir yolculuğun olduğunun farkındadır. Erkek ise bunu fark ediyorsa ve âşık oluyorsa, ilişki kurabiliyorsa ve ilişkide aşkı yaşayabiliyorsa eksikliğini kabul etmiş demektir.

Yani eksiklik hissi ve dizginlenemeyen tamamlanma arzusu aşkın, bu yoğun arzu ise tutkunun kaynağıdır. Aşk, ötekinin eksiğini bilmeden tamamlamanın vaat edildiği olası bir hayal kırıklığı sürecidir diyebilir miyiz? Yolu aşktan geçenler eksikliği ve bir süre sonra o eksikliğin tamamlanamayacak oluşunun yarattığı hüsranı tadarlar. Bu hüsran tutkunun gevşemesini sağlar. Buna ilişkinin dengeye geldiği, tamamlanma arzusunun yerini paylaşıma bıraktığı, tutkunun azaldığı sağlıklı bir süreç diyebiliriz. Metin Erksan'ın 1966 yapımı *Sevmek Zamanı* adlı harika filminde fotoğrafına âşık olduğu kadının bizzat kendisiyle karşılaştığında aynı duyguyu hissetmeyen bir erkek karakterin öyküsü anlatılır. Tutkuyla bağlı olduğu ve karşısında saatler geçirdiği bu fotoğrafın asıl sahibine karşı duyarsız kalması aşk ile gerçeklik arasındaki uçurumu ortaya koymakta ve seyircide şaşkınlık uyandırmaktadır. Aşkın ilk anlarında bu fotoğrafa duyulan his gibi engel olunamaz arzuya, ileri evrelerde ise gerçekliğe yaklaştıkça tutkunun gevşeyişine şahitlik ederiz. Tutkudan vazgeçemeyenler fotoğrafa yükledikleri anlamlarla, zihinlerindeki tasarımlarla vedalaşmayı göze alamayanlardır. Birçok aşk ilişkisindeki temel sorunlardan biri budur. İmkânsızı vaat eden aşkın büyüsü, coşkusu zamanla azalacaktır.

Burada tutkudan daha çok bağlılıktan bahsedilir. Aristo, "İki kişilik bir aşk, bir sevgi ilişkisi zamanla dostlukla sonuçlanır," der. Aslında yine şefkate ve yakınlığa vurgu yapar. O yüzden ilişkilerde her an şehvet, tutku beklentisi, ilişkinin ilk dönemlerinin sonraki süreçlerle karşılaştırılması ve bugüne dair olumsuz çıkarımlarda bulunulması rasyonel bir yaklaşım olmayabilir. İnsan bağ kurdukça, öyküsüne yakınlaştıkça, kendisinin ve karşısındakinin rolünü, sınırlarını görüp bir nehirde bazen birbirine karışıp gürleşen bazen de birbirine karışmadan akan iki katre olduğunu anlamaya başladığında ilişkinin bağ kurma ve şefkat üzerine olduğunu anlar. Tutku peşinden koşmak haz, heyecan, zihin kimyası anlamında ise dopamin peşinde koşmaya benzer. Aslında bu, dopaminden oksitosine doğru bir yolculuktur. Bu yolculuğun bağ kurmaya, bağlanmaya, artık konuşmadan anlaşabilmeye, kalp atımlarının senkronize oluşuna, göz temaslarıyla iletişime, birbirinin ihtiyaçlarını fark edişe, ihmal ve işgal döngülerinin olmadığı bir sürece doğru evrilmesi başımıza gelebilecek en güzel senaryodur. Yolu kendinden geçmeyenin ötekine gitmesi de mümkün değildir...

Beşinci Bölüm

BEDEN VE ÖTESİ

"Kronik bedensel şikâyetler,
ruhun sancılarını kamufle eden bir örtüye benzer.
Altından ne çıkacağı belirsiz bir örtüyü kaldırmak ise cesaret ister."

Kronik Hastalıkların Psikolojiyle İlişkisi

Kronik hastalıkların psikolojiyle çok derin bağlantıları olduğunu artık hepimiz biliyoruz. Bu bağlantıyı, fizyolojik ve hücresel düzeyde incelediğimizde kendimizi oldukça kompleks ve derin bir ilişkiler ağının içinde buluyoruz. Hücresel haberleşme, hücresel fonksiyonlar, hormonlar, enzimler, özellikle dışarıdan aldığımız gıda, vitamin ve mineraller, bağırsaklarımızdaki trilyonlarca mikro canlı tarafından oluşturulmuş mikrobiyota, bireysel öykülerimizin oluşturduğu sinir ağları ve tüm bu sistemlerin birbirleriyle yakın ilişkisi... Tüm bu ilişkiler yumağına baktığımızda tek faktörün sistemin diğer alanlarını da etkileyebileceğini bilmek, bütünsel bakış açısından çok önemli.

Kronik hastalıklarda psikolojik ya da fizyolojik tek bir faktöre dokunarak tüm problemi çözme girişimi sıklıkla başarısızlıkla sonuçlanmaktadır.

Birtakım örnekler verebiliriz. Dört yaşındayken ailesiyle birlikte gittiği misafirlikte kazayla sehpayı kıran çocuk, yetişkin olduğunda o sehpa yüzünden aşırı utandırıldığını ve bugün mevcut olan takıntı şikâyetinin o olaydan kaynaklandığını düşünebilir. Ya da üç yaşındayken abisi tarafından bir şekilde korkutulan kız çocuğu, daha sonra zihinsel performansının sırf bu yüzden inanılmaz zayıfladığını iddia edebilir. Yahut dedesinin dedesi cinayet işlediği için kişide birtakım psikolojik hastalıkların olduğu ve tek sebebin bu olduğu yargısı ortaya konulabilir. Elbette yaşadığımız, hatırladığımız ya da hatırlayamadığımız her detay sinir ağlarımız içerisinde bir yer edinmiştir. Asıl mesele, burada verdiğimiz bu ilişkilendirmelere inanan bir kişi kısa süreli hipnozun verdiği geçici iyilik halini iyileşme zannedebilir. Tek bir psikolojik tespit ya da birkaç ilaç ile kronik bir bozukluğun kalıcı bir şekilde üstesinden gelmek neredeyse mümkün değildir.

İnsanın öyküsüne doğru bir göz ile baktığınızda bugünün fotoğrafını çıkarabilirsiniz. Seçtiği ilişkiler, meslek, yol, hazlar ve gıdalar... Binlerce hasta deneyimim ve yüzlerce iyileşme öyküsü ışığında şunu net olarak söyleyebilirim ki, hastalıklara sonuç odaklı modern tıbbi yaklaşımların ve benim de benimsediğim tek başına fonksiyonel yaklaşımların en büyük eksiği, insanın psikolojik öyküsüne derinden bir bakış ortaya koyamamalarıdır. On yılı aşkın süredir danışan takiplerimde birlikte yürümüş olduğum psikoterapist ekibi ve beslenme uzmanları, birçok iyileşme yolculuğunun asıl kahramanlarıdır.

Süleyman Bey 56 yaşında, sosyoekonomik olarak oldukça iyi düzeyde, evli, iki çocuk babası danışanımdı. Yıllardır, insülin direnci, tiroit fonksiyon bozukluğu, baş ağrıları yakınmaları vardı. Ara ara gelen kaygı yakınmaları ise artık yaşamının bir parçası olmuştu. Klasik, fonksiyonel, tamamlayıcı, alternatif başlıkları altında farklı yaklaşıma sahip birçok doktora başvurmuştu. İlaçlar, vitaminler, mineraller, parmak sallayarak verilen diyetler kısmen fayda gösterse de iyileşme sağlamamıştı. 8 hidroksi 2 deoksiguanozin bile bakılmıştı. Ama gözünün içine hiç bakılmamıştı Süleyman Bey'in. Kapıdan içeri ilk girişinde adımlarını atarken tedirgindi. Görüşme esnasında sürekli saatini kontrol ediyor, bana rahatsızlık vermediğinden emin olmak istiyordu. Belki de böyle bir eve doğmuştu, gelişinden pek de memnun olunmamış bir yuvaya mı atmıştı ilk adımlarını? Pek de yanılmamıştım, sekiz kardeşin altıncısı olarak plansız bir şekilde dünyaya gelmişti. Anneyle teması zayıf olmuştu, neredeyse hiç anne sütü almamıştı. Okul çağına kadar anneanne bakım vermişti. Anneannenin evinden kendi evine gittiğinde yabancı hissettiğini fark etmişti. Annesini tanımlarken yorgun, tükenmiş, mutsuz ve cefakâr sözlerini tercih etmişti. Kendi evine gittiğinde anneye yük olmuş gibi hissediyordu, tıpkı görüşmede bana karşı hissettiği gibi. Kimseye yük olmamalıydı. Bakım verenlerini yormamak için buzdolabından eline ilk geçenleri ekmeğinin arasına koyarak beslenmeye alışmıştı. Öğün anlayışı oluşmamıştı. Gece dahi bu alışkanlığı tekrar ediyordu. Kimseye görünmeden, sessizce, hızlı ve ayakta beslenme artık otomatik bir davranış haline gelmişti. Nedenini kavrayamadığı, varlığının öteki insanları rahatsız ettiğine dair bir hisle yaşıyordu. Süleyman Bey'in bu duygularına yakınlaşması ona bir ilki yaşatıyordu. Bunlar ilk kez konuşuluyordu, benim de çok önemsediğim açlık insülin düzeyi ve Apo B düzeylerinden önce bunların konuşulması oldukça şaşırtmıştı kendisini. Bakım verenlerinden alamadığı sevgiyi buzdolabından gizlice alışını konuşmamıştık henüz ama birkaç görüşmede geldiğimiz nokta oldukça şaşırtıcıydı. Takip eden doktorlarından yakınlık alamadığını, o ortamda fazlalıkmış gibi hissettiğinde bu yeme davranışını gizlice artırdığını itiraf etmişti. Yargılanmadığı, kabul gördüğü, kapsandığını hissettiği bu ortam ona yaralarını gösterme noktasında cesaret vermişti. Bir insanın gıdayla kurduğu ilişkiyi anlamadan, o gıdayı zehir ilan ederek otoriter bir yaklaşımla kesme davranışının uzun vadede işlevsel olduğunu hiç görmedim. Süleyman Bey'in bu gıdaların, bu yeme davranışının zararlarını bildiğini biliyordum. Bir kez olsun bunu keseceksin, yapmayacaksın dememiştim. Parmak sallamamıştım. Görev bilinciyle, gözüme girmeye çalışan çocuk edasıyla, gıda tüketimi konusunda yaptığını söylediği davranış değişikliklerini övmemiştim. İstediğini yiyebilirdi ve bu kapı ona hep açık olacaktı. Bilin bakalım ne oldu? Birkaç ay gibi kısa bir sürede tüm kan değerleri normale dönmeye başlamıştı ve bu asla bir başarı değildi. Asıl dönüşüm Süleyman Bey'in erken çocukluk dönemi, duyguları ve yeme davranışı arasındaki bağlantıya içgörü geliştirmiş olmasıydı. Yine kendisini buzdolabının başında bulduğu zamanlar elbette oluyordu ama şunu sorguluyor hale gelmişti: "Beni buraya açlığın getirmediğini biliyorum, peki hangi duygum beni buraya taşıdı?" Yemeyi engellemek değildi amacımız; anlamak, anlamlandırmaktı. Yeme davranışını engelleyemediğinde yiyeceği ekmeğin türünü ve içine koyacaklarını birlikte dizayn etmiştik. Evet vitaminlere, minerallere, bir beslenme düzenine ihtiyacı vardı elbette. Fakat biz başka bir yoldan bu noktaya ulaşmıştık.

Duygularına, öyküsüne, kendisine yakınlaşma yolculuğunda olan bir birey, hastalıklarının kaynağına ve o hastalıkların verdiği mesajlara bambaşka bir idrak seviyesiyle bakacaktır.

Kişilere ödevler vererek kan değerlerini düzeltme hevesi ile bu anlattığım bakış açısıyla yakalanmış iyilik hali arasındaki farkı ayırt edebiliyor musunuz?

Siz değerli okurlarıma bu noktada birkaç öneride bulunmak istiyorum. Öyle durumlar yaşarız ki, hiç beklemediğimiz bir anda birçoğumuz yaşam yolculuğumuzda zorlandığımız, baş edemediğimiz, çaresiz hissettiğimiz durumlarla, hastalıklarla karşı karşıya kalabiliriz. Böyle zamanlarda yardıma ihtiyaç duyduğumuzu fark edebilmek ve arayışa geçmek değerlidir. Ancak yardım talep edeceğiniz insanları seçme konusunda çok dikkatli olmalısınız. Yardım ihtiyacınızın oluşu, şifacılık oynayan insanların etrafınızda bir anda çoğalmasına yol açabilir. Unutmayın yardım aradığınız kişi aynı zamanda yaranızı açacağınız kişidir. Yıllardır bu yaraların, iyileştirme vaadiyle çok daha fazla kanatıldığına, kapanmaz hale geldiğine, başka yaralara yol açıldığına defalarca kez şahit oldum. Kimi bunu bilinçaltı temizliğiyle, kimisi hipnozla, kimi de soy, enerji temizliğiyle yaptı. Bazıları da bunu duygulardan, şefkatten, yakınlıktan uzak, kibir tohumları ekerek, sağlık profesyoneli etiketiyle yaptı. Gözünüzün içine bakmadan genlerinize, idrarınızdaki hormonlara bakanlar, yüzlerce soruluk anket cevaplamanızı isteyenler, beyin gelişimi, beyin yapıları, beyin kimyası, psikoloji bilmeden en derin travmalarınızı saatler içinde tedavi edeceğini iddia edenler...

Hücre, hormon, sindirim sistemi, biyokimya, vitamin, mineral, epigenetik ve en önemlisi öykünüzün üzerinizdeki etkileri bütünsel iyileşmenin ana konularıdır. Kendinize, yaranıza, çevrenize ve çocukluğunuza iyi bakın, hiçbir şey boşuna orada değildir...

"En çökkün, işe yaramaz ve değersiz hissettiğiniz noktada, bu duruma katkı sağlayan ana faktörlerden birinin de beyin biyokimyanız olduğunu unutmayın. Dış dünyada umudunuz azaldıysa iç dünyanıza, bedeninize ve kimyanıza odaklanın. Mucizevi dönüşümlerin anahtarı orada..."

Hücreye Dokunmak

Yaşamda anlamamız gereken iki tane kilit nokta var: Bunlardan biri, kendi öykümüzün beynimizi şekillendirebileceği bilgisi. (Konuya merak duyanlar Cozolino, Siegel, Schore gibi nörobilim duayenlerinin kitaplarına göz atabilirler.) Bizi biz yapan kişisel tarihimiz, yaşantımız, özdeğer sistemimiz, beynimizi de bedenimizi de şekillendirme gücüne sahiptir. Bir diğer kilit nokta da bedenimizin işleyişi içerisinde hücresel düzeyde dokunabileceğimiz kritik alanlar olduğudur. Bizler öykümüzü anlamlandırmaya, hem bedenimizin hem de hücrenin işleyişini anlayıp o sistemin sağlığı için neler yapabileceğimizi fark etmeye çalışan varlıklar olduğumuzda, sağlığımıza bütünsel anlamda en değerli katkıları da sunmuş oluruz..

Öykümüzü anlamlandırmanın yolu, "erken çocukluk dönemimizi, şahitlik ettiklerimizi, o öyküde bize yüklenen anlamları ve kendimize dair zanları anlama yolculuğu" olarak özetlenebilir. Ebeveynlerimizin bize karşı davranışları, onların bizimle kurduğu ilişki modelinden kendimizi tanımlamamız, yine kendi öykümüzü ve yolculuğumuzu anlamlandırmada önem taşıyor. Peki bunu her zaman yapabilme gücümüzün olması mümkün mü? Psikoterapiye gidecek motivasyonu ve enerjiyi dahi hissedemeyebiliriz. Depresif, mutsuz, yorgun, çökkün hissederken karar almak, harekete geçmek oldukça güçtür.. İşte bu noktada hücresel düzeyde eksikliklerinizi saptayacak, psikolojik anlamda beyin biyokimyanızın ihtiyaçlarına aşina, bedeni bütünsel değerlendirme yetisine sahip bir hekimden destek almanız içinde bulunduğunuz karanlığa inat, yaşam ateşinizi tekrar yakmaya yardımcı olabilir.

Peki, gelin birlikte bu hücresel düzeydeki kritik elemanlara yakından bakalım. On yılı aşkın süredir neredeyse her danışanımın kan tetkiklerinde baktığım ve olmazsa olmazlarım olan bazı değerleri sizlerle paylaşmak istiyorum.

İlk sırada pek de yabancısı olmadığınız bir mucize var. Toplumda eksikliğiyle çok yaygın olarak karşılaştığımız, beyin biyokimyası açısından son derece kritik bir öneme sahip, fonksiyonları göz önünde bulundurulduğunda hem vitamin hem de hormon olarak adlandırılan D vitamini. Birçok kanser türünden koruyucu oluşu, bağışıklık sistemini desteklemesi, kemik erimesinden, hipertansiyondan koruyucu etkileri oluşu bir kenara asıl konu başlığımızla ilişkisi olan beyinde özellikle bazı biyokimyasal (serotonerjik ve dopaminerjik) yolakları desteklemesi, yapılan onlarca çalışmada depresyondaki olumlu etkilerinin saptanmasının boşuna olmadığını gözler önüne seriyor. D vitamini eksikliğinde uykunuz, iştahınız, iyi hissetme haliniz, psikolojik dayanıklılığınız olumsuz etkilenebilir.

İkinci sırada, sağlık profesyonellerine, halkımıza anlatma, toplumu bilinçlendirme konusunda en çok emek harcadığım, hayati olduğunu düşündüğüm bir mineral var: MAGNEZYUM. Eksikliğinin şaşırtıcı düzeyde yüksek oranlara ulaştığını gözlemliyorum. Bedende kasılma işlevinin başrolünde kalsiyum, gevşemede ise magnezyum vardır. Aklınıza ilk kaslarınızın geldiğine eminim. Hatta magnezyum eksikliğinde gevşeme problemi nedeniyle kramp girebileceğini de tahmin edenleriniz oldu, harikasınız. Peki ya damar yapıları, bağırsaklar, zihniniz... Buralarda gevşeme gerçekleşmezse neler olur? Örneğin kalbi besleyen koroner arterleriniz gevşemezse kalbiniz yeteri kadar beslenemez. Magnezyum eksikliğinde kalp ritmi problemlerinin, tansiyon sorunlarının neden yaşandığına dair bir fikrinizin oluştuğunu düşünüyorum. Bağırsaklar gevşemezse ne olur? Bence bütünsel sağlığın en olumsuz faktörlerinden biri olan, düzelmediğinde neredeyse iyileşmeden söz edemeyeceğimiz kabızlık durumu ortaya çıkabilir. Peki ya zihin üzerinde bir gevşeme, rahatlama etkisi bekler miyiz? Cevap kesinlikle evet. Magnezyum beynimizdeki kaygıyı besleyen elektriksel alanların (locus coeruleus) sakinleşmesine yardımcı olur, diğer yandan bedenin tüm enerji kapasitesinin neredeyse beşte birini kullanan beynin en büyük ihtiyacı ATP'dir. Bu, bedendeki enerji birimidir. ATP üretiminde ana ihtiyaçlardan biri magnezyumdur.

Magnezyum eksikliğinde depresif ruh hali, anksiyete, dikkat sorunları ve enerjisizlik sorunlarının ortaya çıkması kolaylaşabilir. İşin ilginç tarafı az önce ilk sırada bahsettiğimiz D vitaminin depolanması, aktif hale gelmesi ve hücreyle ilişki kurabilmesi aşamalarında magnezyuma ihtiyaç vardır.

Bir diğer hayati mineral, "demir"dir. Demir, kanımızdaki oksijen taşıyan birimlerin yapısına katılır. Demir eksikliği yine çok sık karşılaştığım eksikliklerden biri. Demir düşmeye başlarsa enerji düşer; yorgunluk, çarpıntı, halsizlik, gece krampları gözlemlenebilir. Depresyonda olduğunu düşünen birçok kadın danışanımda ciddi demir eksikliği saptadım. Elbette demir eksikliğinin kök nedenlerini doktorunuz araştıracaktır.

Benim olmazsa olmaz bir şekilde hesaba katmış olduğum diğer vitamin desteğim B grubu vitaminleri. B12, folat, B1, B6, Biotin gibi vitaminler hücresel düzeyde oldukça önemli fonksiyonlara sahiptir. *BİRİM* adlı kitabımda çok daha ayrıntılı anlattığım metilasyon kavramı ve özellikle biyokimyasal enerji üretim yolaklarında bu vitaminler başrolü oynarlar.

Sindirim sisteminizin sağlığı için yeşil yapraklı bitkiler, et, balık, yumurta, ev yapımı elma sirkesi, zeytinyağı, sebze çorbaları, kemik suyu, çalı meyveleri çok değerli gıdalardır. Un, şeker ve yüksek sıcaklıklara maruz kalmış bitkisel yağlar, paketli trans yağ deposu işlenmiş ürünler, bütünsel sağlık açısından mümkün olduğu kadar az tercih edilesi gıdalardır.

İhtiyacınız noktasında doktorunuzun önerdiği ilaç tedavileri muhakkak çok değerlidir. Ancak bu saydığımız vitaminlerin, minerallerin eksikliğini ve beslenme biçiminizi hekiminizin gözden geçiriyor olması çok ama çok önemlidir.

Vitaminler, mineraller, takviyeler, sindirim sisteminin desteklenmesi ve psikoterapi kombinasyonu, kendi yaşam yolculuğumda birçok insana ışık olduğunu düşündüğüm en önemli ayrıntılardır.

Çökkün hissediyorsanız hücrenize ve bağırsaklarınıza yakınlaşma, bedeninize gerçek anlamda şefkat gösterme zamanınız gelmiştir…

"Panik ataklar ya da depresyon için sadece ilaç desteğine sarılmak, bataklıkta yaşayanların sinekten kurtulma çabasına benzer. Sineği hedef almanın altında asıl sorunla yüzleşmeyi göze alamamak yatar. Oysa sinek, bataklığın varlığını size göstermek için gelmiş bir elçidir sadece. ."

İpuçlarını Görmezden Gelmeyin

Hastalıklar da bir anlamda semptomdur, habercidir. O hastalık bize bir haber verir. Ağrısı olan biri o ağrıyı hemen kesmek istese de ağrı bize mesajı en son getiren elçidir. Birinin bir yeri ağrıyorsa, bedende bambaşka şeyler olmuştur. Tabii bunu her ağrı için söylemiyoruz. Çoğu ağrıyı iyi anlamlandırabiliriz ama anlamlandıramadığımız, kaynağını bilmediğimiz bir ağrıyı kesmek demek; sizinle anlaşması için gönderilen bir elçiyi ya da size haber getiren bir haberciyi dinlememek, önemsememek demektir. Onun getireceği haberden/havadisten endişe ettiğiniz ya da korktuğunuz için o bilgiyi almamak ne denli yanlış olacaksa ağrıyı okumamak da o kadar hatalıdır. Oysa size getirdiği bilgi çok değerlidir.

Depresyon da çok değerli bilgiler getirir, anksiyete ve kaygı bozuklukları da. Örneğin panik atak, "Ben, ben miyim?" sorusunun sık sık sorulduğu ve "çevre değişiyor sanki" hissinin olabileceği yüksek düzeyde bir kaygıdır. Kişi her an panik atak krizi geçireceği korkusu yaşamaya başladığında da "panik bozukluk" denilen tablo ortaya çıkar. Hatta bu kişiler panik atak yaşayacakları endişesiyle tek başlarına dışarı dahi çıkamayabilirler. Her an "başıma kötü bir şey gelecek ve yardım alamayacağım" hissini yaşarlar. Kaygının içinde kalabilme cesareti gösterebilenler, çocuksu korkularını, nerede takılı kaldıklarını fark edebilirler. Yoğun kaygı en yakınımızdakilere yapışmamıza yol açar, tıpkı kaygılı bir bebeğin memeye yapıştığı gibi. Anksiyete ve panik atağın içerisine birçok mesaj yerleşmiştir. Biz korku, çarpıntı, nefesin daralması semptomlarına odaklanırız ama genellikle asıl verdiği mesajın uzağında kalırız.

Bataklık örneği burada çok değerlidir. Evinize sürekli sivrisinekler geliyor, siz de onları spreylerle ortadan kaldırmaya çalışıyor ya da evinize birtakım önlemler almakla uğraşıyorsunuz diyelim. Oysa eviniz bu bataklığın tam da içinde! Bataklığın içinde yaşayan bir insanın asıl bu gerçeği görmezden gelip sinekle uğraşması beyhude bir çabadır. Kimse bataklıkla yüzleşmek, onu görmek istemez, sinek daha kabul edilebilir bir şeydir. Bütün zamanınızı sineklere kızarak, öfkelenerek geçirebilirsiniz. Bataklığı görmezden gelip sineklerle uğraşmak, bizim de bilinçdışı olarak içinde bulunduğumuz sistemi anlamaya çalışmadan semptomlarla uğraşmamıza benziyor. Yaşamı daha anlamlı kılabilmek için o bataklığı fark etmek gerekiyor. Bataklığı fark edenler ve temelden iyileşme niyetinde olanlar, onu besleyen kanalları anlamaya çalışırlar ve bu kanalların en yakınlarında olduğunu görmeye başladıklarında büyük hayal kırıklıkları baş gösterebilir. Görmezden gelenler anksiyete, görme cesareti olanlar ise sancıyla birlikte dönüşüm yaşarlar. Ama acısız, ağrısız, hüsransız bir dönüşüm pek de mümkün değildir.

Örneğin panik atak geçiren kişinin çarpıntısı olur, nefesi daralır. Kalp krizi geçirdiğini düşünür, doktora gider ve hemen bir EKG çektirir. Hatta bazen gün boyu kan basıncının ölçülmesi için holter takılır. Tehdit algısını savuşturmak için gittiği hastanede, şikâyetinin altından bir şey çıkmayıp bunun psikolojik olduğu söylendiğinde çok şaşırır. "Benim psikolojik hiçbir sıkıntım yok ki," diyebilir. Bazen insanlar o bataklıkla yüzleşmemek için psikolojik bir sıkıntısının olmadığını kanıtlamaya çalışabilir ancak bataklık kendisini, sineklerin sayısını artırarak gösterecektir. O bataklık ya kişiyi yıllar içerisinde tamamen yutacaktır ya da sinek sayısını artıracaktır. O bataklıkta üreyen başka şeyler de ortaya çıkacaktır. Baskılanan her semptom köstebeğin başını çıkardığı her toprak parçasının üzerini örtmeye benzer. Köstebeğin neden sizinle, sizin toprağınızda olduğunu anlamazsanız, köstebekten bir hayat boyu şikâyet eder, hatta onu düşman ilan eder, yok etmeye çalışırsınız.

Anksiyete bozukluğunda, depresyonda, kaygıda insan hem kendi yolculuğuna hem de hücre içindeki haberleşme sistemine odaklanmalıdır. O yüzden kaynağı fark etmek, bataklıkla uğraşmak isteyen insanlar öykülerine odaklanırlar. Birçok hastalık ismi de bu anlamda semptomdur ve habercidir. Binlerce danışan yolculuğumda onlarca kez duyduğum bir sözü paylaşmak isterim: "İyi ki bu hastalığı yaşamışım, iyi ki bu yolculuğa çıkmışım, iyi ki bu cesareti göstermişim." Rahatsız edici semptomları baskılamak yerine kaynağına yönelenler, artık eskisi gibi olamazlar. Bu durum benim zihnimde bir katman değişikliği gibi tezahür ediyor. Her katmanın semptomu da farklı olacaktır...

Kendisini anlayıp iyileştirmeye çalışan insan, toplumu iyileştirme yolunda en büyük adımı atar. Topluma faydalı olmak isteyenler, önce kendini iyileştirsin. Toplum dediğimiz oluşum; bazen ortak öykülerin, ortak sancıların, ortak yaraların, ortak acıların bir araya gelip kocaman bataklıklar oluşturduğu bir sisteme dönüşebiliyor. Herkes kendi bataklığını kurutma yolculuğunda bir sorumluluk alırsa hem kendi yolculuğumuz hem de toplum olarak yolculuğumuz çok büyük oranda olumlu anlamda değişebilir.

"Ne yediğin önemlidir evet
ama kiminle yediğin çok daha önemlidir.
Taşı sindiren mide,
'taş gibi oturan' bir sözle baş edemez..."

Taş Gibi Oturur

Yemek konusunda herkesin bir fikri var: Şunu ye, bunu yeme, şu kadar protein al, bazı karbonhidratları kısıtla... Bunlar güzel yaklaşımlar ancak kiminle, hangi duyguyla ve ne zaman yediğiniz de çok önemli.

Açlık duygusunu anlamak, insanın ana meselelerinden bir tanesidir. Bir bebeğin nadiren aç olduğu için emdiğinden bahsetmiştik. Yakınlık için, şefkat almak için, dokunmayı hissetmek için, annesinin orada olduğunu hissetmek için, bunu deneyimlemek için emer. Bir insan yemek yerken haz alır ve yeme faaliyeti fiziki doyumdan daha ziyade ruhsal doyuma hizmet eder. İşte bu çok önemli bir kavramdır.

Farkında olmasak da çoğunlukla beynimizdeki biyokimyasal sistemi harekete geçirmek için yeriz. Bahsettiğimiz reaksiyon biraz daha bilinçdışında yer alan bir eylemdir. İnsan açlıktan çok korksa da aslında uzun süre açlığa dayanabilir. Hatta çok az bir yiyecekle açlığını uzun süre devam ettirebilen bir varlıktır. Bu noktada yeme davranışının neye hizmet ettiğini iyi bilmemiz gerekiyor.

İşte en önemli ayrıntılardan biri, ne yediğin kadar kiminle yediğinin de önemli olmasıdır. Karşısında utanç duyduğunuz; eksik, yetersiz olduğunuzu, sevilmeye değer olmadığınızı düşündüren ya da sizi değersiz hissettiren; gözünün içine baktığınızda iyi hissetmeyip aksine kendinizi aşağılık biri olarak gördüğünüz biriyle baş başa gıdanızı tükettiğinizi düşünün. Sistemimizdeki utanç ve değersizlik duyguları kuvvetli duygulardır. İçsel tehdit algısı oluşturur, sempatik sinir sistemini devreye sokar. Tüm hormonal ve enzimatik süreçler olumsuz etkilenir. Yemek yediğiniz ortamda, direkt size yönelik olmasa bile girmiş olduğunuz olumsuz duygular sindirim sisteminin tüm aşamalarına zarar verir.

Geçmişte yaşadığımız, örtülü bellek içine kaydedilmiş sayısız anı mevcuttur. Biz bunları hatırlayamayız ama o anı esnasında hissettiğimiz duyguları aradan onlarca yıl geçse bile aynı şiddette ve canlılıkta hissedebiliriz.

Oturduğunuz bir yemek masasında şahit olduğunuz bir olay, bir bakış, bir koku, bir yüz otomatik olarak bazı duygularınızı tetikleyebilir. Tehdit yaratan bir duygu eşliğinde sindirimin sağlıklı ilerlemesi neredeyse mümkün değildir.

Tolga Bey 44 yaşında, evli ve bir çocuk babası, kurumsal bir firmada görevli üst düzey bir yöneticiydi. Yıllardır geçmeyen şişkinlik ve kabızlık yakınmaları hayatını kâbusa çevirmişti. Yıllar içinde birçok gastroenteroloğa başvurmuştu; endoskopiler, tetkikler yapılmıştı hepsi IBS (kalın bağırsaklardaki mikrobiyal dengesizlik) tanısı konusunda hemfikirdi.

Psikolojik olduğunu söylemişlerdi ve bu nedenle heybesinde birkaç psikiyatr görüşmesi ve ilaç tedavisi de vardı. Sonra fonksiyonel tıpla tanışmış, nefes testleri, kan tetkikleri, dışkı testleri derken ciddi bir ekonomi, emek ve zaman harcadıktan sonra SIBO (ince bağırsaklardaki mikrobiyal dengesizlik) tanısı almıştı. Bu tanıya ikna olmuştu. Antibiyotik tedavileri, sıkı diyetler sonrasında şikâyetleri yüzde elli oranında azalmıştı. Müthiş bir gelişmeydi bu. Son on yıldır en iyi hissettiği dönemi yaşıyordu. Fakat bu mutluluk üç ay kadar sürmüştü. Çok geçmeden şikâyetler aynı şiddetine ulaşmıştı. Tolga Bey fotokopisini çektirdiği, özenle düzenlediği kalın dosyasını önüme koyduğunda sıradan bir vaka olmadığını, benden de gerekli özeni beklediği mesajını bu yolla iletmişti. Saçından tırnağına tetkik yaptırmış, her şeyi bilimin geldiği son noktaya kadar deneyimlediği inancında olan yaralı bir yolcu vardı karşımda. Kalın, bilimsel ve oldukça iddialı bu dosya bile kendisinin de fark edemediği yarasını gizlemeye yetmemişti. Tolga Bey'in anlatacakları çok fazlaydı, konuşma sırası bana geldiğinde, kuşkusuz değerli bunca girişimden ve dosyasından hiç söz etmedim. Görünürde yemek ve bağırsaklar olan probleminin ardına gizlenmiş, asıl sindirilemeyenin ne olduğunu merak etmiştim. Şunu unutmayalım, sizin sindiremediğiniz her şey beden içinde başka bakteriler, mantarlar tarafından sindirilmeye çalışılır ve en sık karşılaştığımız belirtisi de gaz ve şişkinliktir. Bu, benim en önemsediğim semptomlardan biridir. Kişi bana sadece gıdaya dair değil, yaşama dair bir sindirim sorunu olduğu mesajını bu yolla vermektedir.

Tolga Bey ilk görüşmemizde iyi giyimiyle, kariyeriyle, entelektüel görünümüyle şişkinliği arkasındaki asıl gerçekleri bana göstermeme konusunda oldukça profesyoneldi. Birkaç görüşme sonra zayıflığa tahammülü olmadığını da aktaracaktı. Belki de zayıflıklarını ortaya koyabileceği, kapsandığı, derin bağlar kurduğu, yargısız kabulün olduğu bir ilişki yaşamamıştı hiç. Karşımda hep kasılan, iyi görünme telaşında olan, mükemmeliyetçi bir adam vardı. Karnında şişkinliğin özellikle akşam yemeğinde, aileyle birlikte olan öğünlerde olduğunu belirtmişti. Herkes ne yediğinin, ben ise hangi duygularla yediğinin peşinde düşmüştüm. Sıklıkla eşi, oğlu, eşinin annesi ve kendisinin bulunduğu ortamda, belirgin bir psikolojik sıkıntısı olmadan akşam öğününü yediğini aktarmıştı. Bu dirence rağmen ayrıntılara bakmaya devam ettim. Tek çocukları olan 16 yaşındaki oğlunun eşinin eski evliliğinden dünyaya geldiğini aktarmıştı. Tekrarlayan görüşmelerde, eşinin tüm dünyasının oğulları olduğunu, kendisinden daha çok oğlunun bu evin babası ve kocası olduğuna dair hislere kapıldığını öğrenmiştim. Eşi, annesi ve oğlu bir yanda, Tolga Bey diğer yanda gibi hissediyordu. Duygularını dışlanmış, yalnız, varlığı hissedilmeyen, saygı duyulmayan, sevgi verilmeyen olarak tanımlarken, ilk kez gözlerindeki yaşlara şahit olacaktım. Tolga Bey'in yaşamı boyunca ilk kez dile döktüğü duygularını dinlerken bedenine neler olduğunu tahmin etmeye başlamıştım. Büyüdüğü evde de çok benzer duygular hissettiğini hatırlamaya başlamıştı. Ama bu duygular daha çok babasına aitti. Babası ile annesi ve annesinin ailesi arasında bir mesafe vardı. Baba mümkün olduğunca eve uğramıyor, eve geldiğinde de varlığı pek hissedilmiyordu. Annesi babasına saygı duymuyor, değer vermiyor, zaman zaman alay ediyordu. Çocuk Tolga da babasına çok saygı duymuyor, bazen kızıyor bazen de acıyordu. Peki, Tolga Bey bilinçdışı bir şekilde inşa ettiği bugünkü ilişki modelinde kime dönüşmüştü? Babasının öyküsünü tekrarlarken bu kez aciz değil; güçlü, sözü geçen mi olacaktı? Babayı değersiz, işlevsiz konumundan bu şekilde mi kurtaracaktı? Güçsüzlüğe tahammülü olmayan anneye ya da dışlanmış, aciz babaya dönüşüm döngülerinden başka bir çaresi yok muydu?

Farkındalığı ve gerçeğe yakınlaşma cesareti Tolga Bey'in sindirim sistemini daha da bozmuştu. Şikâyetçiydi ama bu bozulmanın iyileşmeye giden bir adım olacağını nereden bilebilirdi ki? Tolga Bey duygularının daha yüksek bir perdeden çıkışına izin verdikçe bağırsakları daha az konuşmaya başlamıştı. Beslenmesine, hücresine, vitaminlerine, minerallerine, sindirim enzimlerine dokunmuştuk ama ruhundaki sızı ilk kez bu kadar derinlemesine ele alınmıştı. Evet bir şeyler değişiyordu artık, mesele bağırsaklardan daha ötedeydi. Ama bu şikâyetler olmasa tüm yaşamını dönüştürmeye başlayan gerçeklerle yüzleşemeyecekti. Yüzleşmeler çoğaldıkça bağırsaklar görevini tamamlamışçasına asıl işlevlerini yerine getirmeye başlamışlardı. Dört dörtlük değildi her şey ama duygusuyla, hissiyle bedeni arasındaki bağlantıyı gören Tolga Bey için artık hiçbir şey eskisi gibi olmayacaktı...

"Balık için içinde bulunduğu su neyse,
temasta olduğumuz insanlar da bizler için odur.
Önce kendinize, sonra suyunuza 'iyi' bakın.
Bir araya gelişleri tesadüf değil."

Kendinize İyi Bakın

Tüm yaşamını suyun içerisinde geçiren bir balığın, içinde bulunduğu su hakkında hiçbir fikri yoktur. Oysa aldığı her nefesi, her besini suya borçludur. Bir balık bu durumun farkında olmasa da balık besleyen bir kişinin en çok dikkat ettiği nokta suyun temizliği ve suya eklediği gıdadır. Bu metaforu insan ekseninde ele alırsak, insan ilişkileri tıpkı balığın içinde yaşadığı su gibidir. İlişkiler üzerinden besleniriz, besleriz, dönüşürüz. Bu su bazen oldukça berrak, bazen bulanık, bazen de kirlidir. Neden kirli bir suyu tercih eder insan? Belki de bu, tercihten daha çok bir eşleşme durumudur. İyi ya da kötüden ziyade tanıdığa yöneliştir. İlişkilerin yaşattığı duygu repertuvarının keşfedilmesi, kendine dair birçok sorunun yanıtını da gözler önüne serer.

Her insan bir duygu havuzu içerisine doğar ve neyin içinde olduğu hakkında farkındalık düzeyi balıktan farksızdır. Yaşam yolculuğumuzun başladığı ilk dönemlerde bakıma muhtaç oluşumuz nedeniyle, kişisel gerçekliklerle değil hayatta kalma motivasyonuyla şekilleniriz. Beynimiz mantıklı olana yönelmek için değil hayatta kalmak için tasarlanmıştır. Yeterince gelişmemiş bir beyin, memeye ulaşabilecek ya da tehlikeden kaçabilecek yetilere sahip olmayan bir bedenle yapabileceğinizin en iyisi taklit etmektir. Erken çocukluk dönemi keşifler dünyasından daha çok bir taklitler dünyasıdır. Bakım verenlerin davranışlarını, sözlerini tekrarlayıp beklentilerini karşıladıkça beğeni, alkış ve onay toplarız. Ebeveynlerin, bakım verenlerin arzuları, bizimle ilgili tasarımları, içinde yüzmüş olduğumuz suyun çok büyük kısmını oluşturur. Belki de siz uçmayı bilerek doğdunuz ama bunun hiçbir önemi yok çünkü neyin içine doğduysanız ana belirleyici de o olacaktır. Ama uçanlar hep ilginizi çekecektir ya da kendinizi suyu överken, gökyüzünü yererken bulacaksınızdır.

Özünü bulma arayışı oldukça meşakkatli bir yoldur, taklitlerle şekillenmiş bir benlik, dört yanı güvenlikle çevrilmiş bir hapishaneye benzer.

Burada hapsolan da güvenlikler de sizsiniz. Yaş ilerledikçe, beyin ve beden geliştikçe insanın en büyük yanılgısı, özgürleştiği yanılsamasına kapılmasıdır. Bu durum, program yüklenmiş bir robotun tamamen özgür olduğuna kanaat getirmesine çok benzer. Oysa beden ve beyin, en ilkel düzeydeyken maruz kalınanlar, gelecekte yaşanacakların kadersel ağlarını inşa eder.

Öyleyse; bugün yaşananlar, hüzünler, ayrılıklar, hastalıklar, felaketler başımıza mı gelmiştir yoksa derinlemesine bir gözden geçirmeyle baktığımızda, geçtiğimiz yolların ürünü olan karşılaşılması muhtemel istasyonlar mıdır? Ya da her ikisinin bir karışımı mıdır? Geçtiği yollara, içtiği sulara, beslendiği kaynaklara yabancı bir varlık için her şey rastlantısaldır. Kendisini bilmeyen, kendisine merak duymayan insanın sığınağı edilgenlik, mağduriyet ve suçlamadır. Kendisine uzak insan, bedeninin kayıtlarının esiri olur. Yeni zannettiği, koşarak atladığı her su bir öncekinin devamı ya da telafisidir.

Suya kızmayı bıraktığınızda ve suyun özelliklerini tanımaya başladığınızda dönüşüme hazır hale geleceksiniz.

Önce kendini ve ardından insanı bilmek beslendiğin suyu iyi bilmekle başlar. Kendine giden yolda yine en büyük engel içine doğduğun, beslendiğin suyla –belki de hayatta kalmak için– oluşmuş sahte kendiliklerdir. İyi, kötü, çirkin yargılarından sıyrılıp olana, vuku bulana yakınlaşabilmek, kendini yeniden doğurabilmek, ateşte yürümek gibidir. Üzerinden bir kez geçtiğinizde artık dönüşü mümkün değildir. Geçenlerin yalnızlaşacağı ama birbirini tanıyacağı bir hakikat geçidi gibi…

Çocukluğuna İyi Bak, içine doğduğumuz ve şu an içinde bulunduğumuz suyu fark etmenin ve anlamlandırmanın önemini idrak için yazıldı. Aşina olduğumuz, beslenemediğimiz, içinden çıkmayı göze alamadığımız, derin anlamını bilmeden "kader" diyerek geçiştirdiğimiz bulanık suyu fark etmemiz için kaleme alındı. Çaresizlik hissiyle umudunu yitirmiş yolculuklara bir nebze olsun ışık olabilmek için sunuldu. Bütüne ışığını yayan, elden ele, gönülden gönüle aktarılan, güzellik tohumları ekilmesine vesile olan seni sana hediye ettiğim bir kitap olsun.

Nice kabdan kaba boşaldım doldum,
Karıştım denize, deniz ben oldum.
Damlanın içinde evreni buldum,
Yine benden bana getirdi beni.

–Âşık Daimi